Vida discipular 3

La victoria del discípulo

Avery T. Willis, Jr.
Kay Moore

Lifeway recursos
Brentwood, Tennessee

ISBN 978-0-7673-2599-8
Ítem 001133357

Clasificación Decimal Dewey 248.4
Subdivisión: Discipulado

Para ordenar copias adicionales escriba a Lifeway Customer Service, 200 Powell Place, Suite 100, Brentwood, TN 37027; FAX (615) 251-5933; Teléfono 1-800 257-7744 ó envíe un correo electrónico a customerservice@lifeway.com. Le invitamos a visitar nuestro portal electrónico en www.lifeway.com donde encontrará otros muchos recursos disponibles.

Impreso en los Estados Unidos de América

Multi-Language Team
Lifeway Resources
200 Powell Place, Suite 100
Brentwood, TN 37027

Contenido

Los autores

AVERY T. WILLIS, JR., creador y autor de *Vida discipular*, es vicepresidente para operaciones foráneas en la Junta de Misiones Internacionales de la Convención Bautista del Sur. La versión original de *MasterLife: Discipleship Training for Leaders*, publicado en 1980, fue utilizado por más de 250.000 personas en los Estados Unidos. Ha sido traducido a más de 50 idiomas diferentes para provecho de miles de personas. Willis también es autor de *Indonesian Revival: Why Two Million Came to Christ,* (Avivamiento espiritual en Indonesia: Por qué se convirtieron a Cristo dos millones de personas) *The Biblical Basis of Missions* (El fundamento bíblico de las misiones), *MasterBuilder: Multiplying leaders* (La multiplicación de los líderes), *BibleGuide to Discipleship and Doctrine* (Guía bíblica hacia el discipulado y la doctrina) y varios libros en lengua indonesia.

Willis sirvió durante 10 años como pastor en los estados de Oklahoma y Texas y durante 14 años como misionero en Indonesia. En el curso de este período prestó servicios como presidente del Seminario Teológico Bautista Indonesio durante 6 años. Antes de ocupar su actual cargo, trabajó como director del departamento de adultos de la División de Discipulado y Familia de la Junta de Escuelas Dominicales de la Convención Bautista del Sur, donde presentó una serie de cursos para la profundización del discipulado conocida como el Instituto *LIFE.*

KAY W. MOORE se desempeñó como coautora de esta edición actualizada de *Vida discipular*. Trabajó como editora en el departamento de adultos de la División de Discipulado y Familia de la Junta de Escuelas Dominicales de la Convención Bautista del Sur. Kay dirigió el equipo editorial que produjo la serie *LIFE Support.* La misma está constituida por cursos que pueden ayudar a las personas a resolver cuestiones críticas en su vida. En su carácter de escritora, editora y conferenciante, Moore ha escrito o ha colaborado con la elaboración de numerosos libros acerca de vida familiar, las relaciones y temas de inspiración. Es autora de la obra *Gathering the Missing Pieces in an Adopted Life* y frecuentemente contribuye con revistas religiosas y guías devocionales.

Introducción

Vida discipular es un proceso de desarrallo discipular en grupos pequeños que contribuirá a que usted desarrolle una relación personal de obediencia a Cristo para toda la vida. El presente libro *Vida discipular 3: La victoria del discípulo*, es el tercero de cuatro volúmenes para dicho proceso de discipulado. Los otros tres libros son *Vida discipular 1: La cruz del discípulo*, *Vida discipular 2: La personalidad del discípulo* y *Vida discipular 4: La misión del discípulo.* Mediante estos libros usted podrá reconocer a Cristo como Señor y a subordinar vivir su vida a Él.

LO QUE ESTE LIBRO LE OFRECE

El objetivo de *Vida discipular* es el discipulado suyo, es decir, que usted se asemeje cada vez más a Cristo. Para ello, usted debe seguir a Jesús, aprender lo que Él instruyó a sus seguidores y ayudar a otros a ser discípulos de Cristo. Así *Vida discipular* hará posible que usted descubra la satisfacción de seguir a Cristo como discípulo suyo y el gozo de dicha relación con Él. *Vida discipular* se diseñó para contribuir a que usted haga su modo de vida de la siguiente definición del discipulado:

> El discipulado cristiano es desarrollar una relación personal de obediencia a Cristo para toda la vida, en la cual Él transformará su carácter en la semejanza de Cristo, reemplazará sus valores por los valores del reino de Dios y le dará parte en la misión de Cristo en el hogar, la iglesia y el mundo.

Por medio de *Vida discipular 1: La cruz del discípulo* usted pudo explorar su relación personal con Jesucristo. Aprendió a dibujar el diagrama de la cruz del discípulo para ilustrar la vida equilibrada que Cristo desea que sus discípulos tengan. Asimismo, usted aprendió que Cristo desea ser el centro de la vida suya, a fin de que todo lo que usted haga sea una consecuencia de su relación con Él.

Por medio de *Vida discipular 2: La personalidad del discípulo* usted se ocupó básicamente de la transformación que Cristo hace de su carácter a la semejanza de Él por medio de la obra del Espíritu Santo. Aprendió a vivir una vida de victoria al desarrollar un carácter más semejante a Cristo. Reconoció a su consejero personal, el Espíritu Santo, quien le enseña, le guía, le conduce, intercede por usted y le capacita para hacer la voluntad y la obra de Dios.

Este libro *Vida discipular 3: La victoria del discípulo* se diseñó para ayudarlo a salir victorioso en la guerra espiritual. En tanto que en el libro 2 usted se concentró en su victoria interior, en el libro 3 se concentrará en la victoria exterior al estudiar cómo avanzar contra el enemigo en la guerra espiritual. Este estudio también le presentará la armadura espiritual. Reconocerá las armas defensivas de la armadura espiritual, las cuales lo protegen, así como las armas ofensivas, las cuales lo conducen a avanzar contra el mundo, la carne y el diablo. Aprenderá a demoler las fortalezas espirituales que hay en su propia personalidad y a llevar cautivo "todo pensamiento a la obediencia a Cristo" (2 Corintios 10:5).

Aprenderá a creer todo lo que Dios desea hacer por medio de usted, a medida que usted practique las seis disciplinas que aprendió en *Vida discipular 1: La cruz del discípulo*:

- Dedicarle tiempo al Maestro
- Vivir en la Palabra
- Orar con fe
- Tener comunión con los creyentes
- Testificar al mundo
- Ministrar a otros

EL PROCESO DE *VIDA DISCIPULAR*

Vida discipular 3: La victoria del discípulo es parte de un proceso de discipulado de 24 semanas. Al completar los cuatro cursos de Vida discipular usted adquirirá la información y las experiencias necesarias para ser discípulo de Cristo. Cada libro edifica sobre el fundamento del otro y se recomienda como requisito previo para el siguiente libro de la serie. Tales libros también se diseñaron para estudiarse en sesiones de grupo. El discipulado se desarrolla por experiencia. Las experiencias suyas al estudiar *Vida discipular* le cambiarán la vida. Es importante que usted dialogue acerca de dichas experiencias con su grupo.

CÓMO ESTUDIAR ESTE LIBRO

Durante cinco días por semana, cada día se espera que usted estudie un segmento del material que hay en este cuaderno de trabajo, así como que complete las actividades relacionadas. Puede que necesite dedicar de 20 a 30 minutos para estudiar cada día.

Incluso si le parece que puede estudiar el material en menos tiempo, es mejor distribuir el estudio en cinco días. Ello le dará tiempo para aplicar tales verdades a su vida.

Notará que los logos de las disciplinas se anteponen a las diversas tareas:

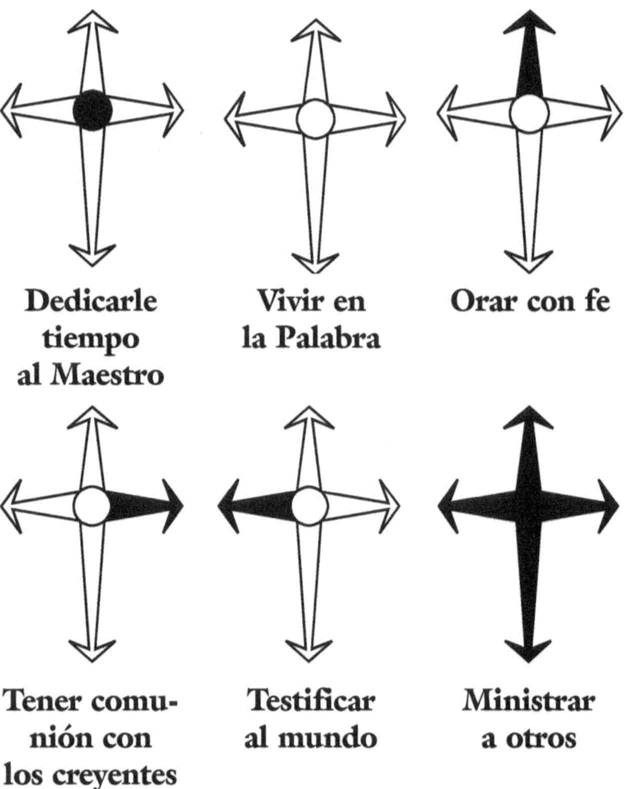

Dichos logos vinculan ciertas actividades con las seis disciplinas que usted aprende a incorporar a su vida como discípulo. Tales actividades constituyen parte de sus tareas semanales, las cuales se resumen en la sección "Mi andar con el Maestro en esta semana", al comienzo del material para cada semana. Los logos de las disciplinas contribuyen a distinguir las tareas semanales de las actividades que se relacionen con su estudio para un día en particular.

Seleccione un horario definido y un lugar tranquilo para estudiar con poca interrupción, o ninguna. Mantenga una Biblia a mano para encontrar los pasajes indicados en el material. Memorizar las Escrituras es una parte importante de su trabajo. Separe una parte de su tiempo de estudio para la memorización. A menos que yo haya escogido otra versión deliberadamente para destacar algo específicamente, todos los pasajes de Vida discipular se citan de la versión *Reina-Valera Revisada* de la Biblia 1960. No obstante, tenga usted la libertad de memorizar versículos de cualquier versión de la Biblia que usted prefiera. Tras completar las tareas de cada día, consulte el comienzo del material de esa semana. Si usted completó una actividad que corresponde a la indicada en la sección "Mi andar con el Maestro en esta semana", trace una línea vertical en el diamante que hay junto a la actividad. Durante la siguiente sesión del grupo, otro miembro verificará su trabajo y trazará una línea horizontal en el diamante, para formar una cruz en cada diamante. Tal proceso confirmará que usted haya completado la tarea de cada día. Podrá ocuparse de las tareas a su propio ritmo, pero asegúrese de terminarlas por completo antes de la próxima sesión del grupo.

LA ARMADURA ESPIRITUAL

Entre las páginas 129 y 131 encontrará el diagrama de la armadura espiritual. Dicha sección, que explica cómo usar los recursos espirituales para combatir las fuerzas del mal, será el centro de atención de todo lo que usted aprenda en este libro. Cada semana estudiará una porción adicional de la armadura espiritual. Al finalizar el estudio usted podrá explicar la armadura espiritual en sus propias palabras. Como seguidor de Cristo, podrá aprender a experimentar la armadura espiritual de tal manera que la misma se constituya en su modo de vida en el mundo.

El pacto del discípulo

A fin de participar en *Vida discipular*, se le pedirá que usted se dedique a Dios y a su grupo de *Vida discipular* asumiendo los siguientes compromisos. Tal vez no pueda cumplir con la lista completa, sin embargo, al firmar este pacto, usted se compromete a adoptar tales prácticas a medida que progrese en el estudio.

Como discípulo de Jesucristo, me comprometo a...

- reconocer cada día a Jesucristo como Señor de mi vida;
- asistir a todas las sesiones del grupo excepto que me lo impidan causas providenciales;
- dedicar diariamente de 20 a 30 minutos a las tareas según sea necesario para completarlas;
- tener un tiempo devocional todos los días;
- mantener una Guía diaria de comunión con el Maestro acerca del modo cómo Dios me habla y yo le hablo a Él;
- ser fiel a mi iglesia en asistencia y mayordomía;
- amar y animar a cada miembro del grupo;
- explicar mi fe a otros;
- mantener en confidencia todo lo que digan los demás en las sesiones del grupo;
- someterme voluntariamente a otros para rendir cuentas de lo que hago o no hago;
- discipular a otros a medida que Dios me dé la oportunidad;
- mantener financieramente a mi iglesia practicando la enseñanza bíblica de diezmar y ofrendar;
- orar diariamente por los miembros del grupo.

____________________ ____________________

____________________ ____________________

____________________ ____________________

____________________ ____________________

____________________ ____________________

Firma______________________________ Fecha ____________

SEMANA 1

Vencer al enemigo

La meta de esta semana

Podrá describir con sus propias palabras la guerra espiritual en la que tenemos parte y explicar cómo aplicar la armadura espiritual.

Mi andar con el Maestro en esta semana

Completará las siguientes actividades para desarrollar las seis disciplinas bíblicas. Cuando haya completado cada actividad trace una línea vertical en el diamante que hay junto a la actividad.

DEDICARLE TIEMPO AL MAESTRO

◇ Tenga un tiempo devocional cada día. Marque los días en que tenga su devocional: ❑ Domingo ❑ Lunes ❑ Martes ❑ Miércoles ❑ Jueves ❑ Viernes ❑ Sábado

VIVIR EN LA PALABRA

◇ Lea su Biblia diariamente. Escriba qué le dice Dios a usted y qué le dice usted a Él.

◇ Memorice 1 Juan 4:4.

◇ Lea "Cómo estudiar la Palabra de Dios".

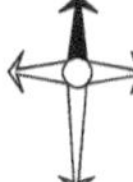

ORAR CON FE

◇ Durante su período de oración, use la "Guía para la acción de gracias".

◇ Use la armadura espiritual durante su período de oración.

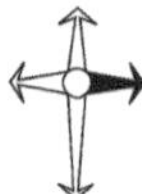

TENER COMUNIÓN CON LOS CREYENTES

◇ Explíquele a otro creyente la parte del "yelmo de la salvación" de la armadura espiritual.

TESTIFICAR AL MUNDO

◇ En el "Gráfico de círculos de influencia" escriba los nombres de personas que no conozcan a Cristo. Complete la lista con sus familiares y parientes cercanos.

MINISTRAR A OTROS

◇ Aprenda la parte del "yelmo de la salvación" de la armadura espiritual.

Versículo para memorizar esta semana

Hijitos, vosotros sois de Dios, y los habéis vencido; porque mayor es el que está en vosotros, que el que está en el mundo (1 Juan 4:4).

DÍA 1

Nos están atacando

De regreso a Estados Unidos, visitamos a Grecia después de nuestro primer período de servicio misionero en Indonesia. Fue entonces que entendí lo que pensaba Pablo cuando escribió 2 Corintios 10:3-5 (véase el margen). Alquilé un Volkswagen y amontoné a nuestros cuatro hijos para recorrer ruinas de la antigua civilización griega.

Nos quedaba poco tiempo para devolver el automóvil, pero llegamos a Corinto, que está al pie de una montaña. Decidimos que aún teníamos tiempo para llegar hasta la cumbre, donde me habían dicho que se erigía una fortaleza. El pequeño Volkswagen se esforzó cuesta arriba hasta que llegamos a la cumbre. Alrededor de toda la cumbre de la montaña había un colosal muro lo suficientemente ancho como para que se desplazaran carrozas de guerra sobre el mismo. Entramos caminando a la fortaleza para ver lo que había.

Al pasar por la primera puerta, advertimos otro muro, a unos cien metros de altura, sobre la ladera de la montaña. Cuando llegamos a ese muro, comprobamos que aún más arriba, sobre la ladera, había otro muro que rodeaba completamente la montaña. Se hacía evidente la razón por la cual, en los tiempos de Pablo, nadie había podido derrotar a los ocupantes de la fortaleza. Después de la muerte de Pablo, pasaron otros 1200 años antes que alguien pudiera penetrar la fortaleza. Y eso ocurrió sólo dos veces en la historia. Cuando llegamos al tercer muro, mi esposa y nuestras dos hijas decidieron aguardar a que nuestros dos muchachos y yo subiéramos hasta la cima.

Una vez allí, miramos hacia abajo, donde estaban Shirley y las niñas, estas parecían tener una pulgada de altura. Luego miré para apreciar el mar Mediterráneo. A la izquierda vi la ciudad de Atenas, y si hubiera podido ver lo suficientemente lejos, habría visto la ciudad de Roma a la derecha. Es obvio que, quien quiera que haya controlado dicha fortaleza se habría ganado una posición muy fuerte en el mundo antiguo. Me di cuenta que los corintios a quienes Pablo escribió podían haberse identificado fácilmente con fortalezas que debían demolerse. Vuelva a leer ahora 2 Corintios 10:3-5, que aparece en el margen.

Nos encontramos en una batalla espiritual contra el reino de las tinieblas. Hay muchas fortalezas que deben destruirse para que se establezca el reino de la luz.

> Una fortaleza es una idea, un proceso de pensamiento, un hábito o una adicción a través de la cual Satanás puede ocupar un lugar en su vida, un lugar donde él tiene la ventaja.

Pues aunque andamos en la carne, no militamos según la carne; porque las armas de nuestra milicia no son carnales, sino poderosas en Dios para la destrucción de fortalezas, derribando argumentos y toda altivez que se levanta contra el conocimiento de Dios, y llevando cautivo todo pensamiento a la obediencia a Cristo (2 Corintios 10:3-5).

Los corintios a quienes Pablo escribió podían haberse identificado fácilmente con fortalezas que debían demolerse.

Este estudio le ofrece nuevas perspectivas sobre cómo se establecen dichas fortalezas espirituales. Aprenderá cómo el enemigo usa dichas fortalezas para debilitarlo, a menos que usted se arme con la Palabra y la oración. Al concluir el estudio de esta semana, podrá:

- definir la *guerra espiritual*;
- identificar al enemigo en la guerra espiritual;
- describir la victoria de Jesús sobre Satanás;
- identificar tres clases de fortalezas espirituales del mal: personales, ideológicas y cósmicas;
- practicar un plan para destruir tales fortalezas.

¿QUÉ ES LA GUERRA ESPIRITUAL?

Es el conflicto entre las fuerzas de Dios y las fuerzas de Satanás. La meta de dicha guerra es que usted salga victorioso en Cristo.

[...]y cuál la supereminente grandeza de su poder para con nosotros los que creemos, según la operación del poder de su fuerza, la cual operó en Cristo, resucitándole de los muertos y sentándole a su diestra en los lugares celestiales, sobre todo principado y autoridad y poder y señorío, y sobre todo nombre que se nombra, no sólo en este siglo, sino también en el venidero[...] (Efesios 1:19-21).

Para que la multiforme sabiduría de Dios sea ahora dada a conocer por medio de la iglesia a los principados y potestades en los lugares celestiales[...] (Efesios 3:10).

Porque no tenemos lucha contra sangre y carne, sino contra principados, contra potestades, contra los gobernadores de las tinieblas de este siglo, contra huestes espirituales de maldad en las regiones celestes (Efesios 6:12).

Describa una ocasión en que haya experimentado un conflicto como el descrito en la definición anterior.

Aprenda qué dice la Biblia acerca de la guerra espiritual. En los versículos del margen, subraye todas las referencias a Satanás o los poderes espirituales.

Quizás haya subrayado términos tales como "sobre todo principado y autoridad", "los principados y potestades en los lugares celestiales", "gobernadores de las tinieblas de este siglo" y "huestes espirituales de maldad en las regiones celestes". La Biblia nos revela todo lo que Dios desea que sepamos acerca de la guerra espiritual.

Marque los cuadros que hay junto a los conceptos verdaderos.

❑ **La guerra espiritual no es una amenaza grave para mí.**
❑ **Si leo la Biblia diariamente, nunca enfrentaré la guerra espiritual.**
❑ **Trato de vivir una vida pacífica. La palabra *guerra* no se aplica a mi modo de vida.**
❑ **Vivo detrás de las líneas enemigas. Las fuerzas de Satanás pueden atacarme y lo hacen.**

Sólo el último concepto es verdadero. La guerra espiritual amenaza a todo creyente, incluso al más ferviente. Satanás atacará a cualquiera, especialmente a quienes creen que no son vulnerables. Por lo tanto, usted necesita armarse y estar preparado. Las fortalezas comienzan a erigirse cuando Satanás lo controla en algo. Cuando usted comience a pensar que no da lugar a conductas tales como codiciar, enfurecerse, pensamientos carnales, Satanás lanzará un ataque sorpresa y procurará hacerlo caer en las áreas donde usted se sienta más seguro.

EL CONFLICTO

Examinaremos el conflicto espiritual como lo describen las Escrituras.

Marque los calificativos que crea que las Escrituras usan para describir a Satanás.

❑ **El maligno**	❑ **El adversario**
❑ **El engañador**	❑ **El enemigo de nuestras almas**
❑ **El destructor**	❑ **El príncipe de la potestad del aire**

Las descripciones anteriores de Satanás provienen de las Escrituras. *Satanás* aparece como nombre propio en el Antiguo Testamento para referirse al enemigo de Dios y el bien (vea 1 Crónicas 21:1). Dicho término también aparece en el Nuevo Testamento.

A continuación hay calificativos de Satanás que se usan en el Nuevo Testamento. Lea los pasajes bíblicos del margen y asocie las referencias con los calificativos usados.

____1. 1 Juan 12:31	**a. El tentador**
____2. 2 Corintios 4:4	**b. El malo**
____3. 1 Tesalonicenses 3:5	**c. El príncipe de este mundo**
____4. Mateo 13:19,38	**d. El dios de este siglo**
____5. Apocalipsis 12:10	**e. El acusador de nuestros hermanos**

Dibuje una estrella junto al calificativo que describa un encuentro que usted haya tenido con Satanás. ¿Por qué lo eligió?

Puede que haya respondido algo así: Me doy cuenta que Satanás ha obrado en el curso de toda la historia para dominar y destruir; asimismo, reconozco cuán poderosa puede ser su influencia. Las respuestas del ejercicio de asociación son: 1.c, 2.d, 3.a, 4.b, 5.e.

LAS CARACTERÍSTICAS DE SATANÁS

El poder de Satanás es tan considerable que el arcángel Miguel lo veía como a un adversario demasiado poderoso para combatirlo (vea Judas 9). La Biblia revela la influencia de Satanás en los eventos del mundo. En 1 Juan 5:19 dice: "el mundo entero está bajo el maligno".

Identifique un hecho en el que crea que Satanás estaba activo.

____

Satanás es un ser muy inteligente. Observe su astucia para engañar a Adán y Eva y arrebatarles el dominio que ellos tenían sobre el mundo:

> *Pero la serpiente era astuta, más que todos los animales del campo que Jehová Dios había hecho; la cual dijo a la mujer: ¿Con que Dios os ha dicho: No comáis de todo árbol del huerto? Y la mujer respondió a la serpiente: Del fruto de los árboles del huerto podemos comer; pero del fruto del árbol que está en medio del huerto dijo Dios: No comeréis de él, ni le tocaréis, para que no muráis. Entonces la serpiente dijo a la mujer: No moriréis; sino que sabe Dios que el día que comáis de él,*

Ahora es el juicio de este mundo; ahora el príncipe de este mundo será echado fuera (Juan 12:31).

En los cuales el dios de este siglo cegó el entendimiento de los incrédulos, para que no les resplandezca la luz del evangelio de la gloria de Cristo, el cual es la imagen de Dios (2 Corintios 4:4).

Por lo cual también yo, no pudiendo soportar más, envié para informarme de vuestra fe, no sea que os hubiese tentado el tentador, y que nuestro trabajo resultase en vano (1 Tesalonicenses 3:5).

Cuando alguno oye la palabra del reino y no la entiende, viene el malo, y arrebata lo que fue sembrado en su corazón. Este es el que fue sembrado junto al camino... El campo es el mundo; la buena semilla son los hijos del reino, y la cizaña son los hijos del malo (Mateo 13:19-38).

Porque ha sido lanzado fuera el acusador de nuestros hermanos, el que los acusaba delante de nuestro Dios día y noche (Apocalipsis 12:10).

Inicuo cuyo advenimiento es por obra de Satanás, con gran poder y señales y prodigios mentirosos (2 Tesalonicenses 2:9).

Vosotros sois de vuestro padre el diablo, y los deseos de vuestro padre queréis hacer. Él ha sido homicida desde el principio, y no ha permanecido en la verdad, porque no hay verdad en él. Cuando habla mentira, de suyo habla; porque es mentirosos, y padre de mentira (Juan 8:44).

No os neguéis el uno al otro, a no ser por algún tiempo de mutuo consentimiento, para ocuparos sosegadamente en la oración; y volved a juntaros en uno, para que no os tiente Satanás a causa de vuestra incontinencia (1 Corintios 7:5).

Y cuando cenaban, como el diablo ya había puesto en el corazón de Judas Iscariote, hijo de Simón, que le entregase[...] Y después del bocado, Satanás entró en él (Juan 13:2, 27).

Porque también para este fin os escribí, para tener la prueba de si vosotros sois obedientes en todo. Y al que vosotros perdonáis, yo también; porque también yo lo que he perdonado, por vosotros lo he hecho en presencia de Cristo, para que Satanás no gane ventaja alguna sobre nosotros; pues no ignoramos sus maquinaciones (2 Corintios 2:9-11).

serán abiertos vuestros ojos, y seréis como Dios, sabiendo el bien y el mal (Génesis 3:1-5).

Satanás también tentó a Jesús al ofrecerle todos los reinos de la tierra si Jesús lo adoraba (véase Mateo 4:8-9). No hay duda de que Satanás trata de persuadirnos a pecar.

Cuando pienso en el poder de Satanás para engañarme, me siento:
- ❑ **Totalmente desesperado. ¿Cómo podría acaso vencer tal astucia?**
- ❑ **Muy desconfiado. Satanás me acecha en cada cruce de mi vida.**
- ❑ **Confiado y seguro. Con el poder de Dios puedo salir victorioso sobre la tentación cuando Satanás me tiende una trampa.**

Satanás lo acosa constantemente. Dios espera que usted desconfíe del tentador, Él puede ayudarlo a salir victorioso en la guerra espiritual.

Satanás usa diversos medios para conducir a las personas al pecado. Lea los versículos que aparecen en el margen y asócielos con la lista de significados a continuación.

___1. 2 Tesalonicenses 2:9	**a. Falta de perdón**
___2. Juan 8:44	**b. Poner algo en el corazón de uno**
___3. 1 Corintios 7:5	**c. Señales y prodigios mentirosos**
___4. Juan 13:2, 27	**d. Debilidades de uno**
___5. 2 Corintios 2:9-11	**e. Naturaleza mentirosa del diablo**

Trace un círculo alrededor de los medios que Satanás use con más frecuencia para conducirlo al pecado.

Los métodos de Satanás se proponen derrotar a Dios y a la humanidad limitando el poder del evangelio. Satanás procura impedir que usted transmita un testimonio verbal y mediante su ejemplo. Usted no podrá propagar la Palabra de Dios mediante sus palabras o acciones si cede ante el ataque del diablo y así es exactamente como él trata de callarlo. Las respuestas correctas son 1.c, 2.e, 3.d, 4.b, 5.a.

Muchas personas no admiten que existe el enemigo. Sin embargo, la Biblia lo declara abiertamente: Satanás existe y su obra principal es oponerse al dominio de Dios en los hechos y la vida de las personas.

El versículo para memorizar esta semana, 1 Juan 4:4, asegura que usted tiene poder sobre el enemigo. Para comenzar a memorizarlo, pase a la página 8 y lea el versículo.

VÍSTASE CON LA ARMADURA ESPIRITUAL

Vestirse con la armadura espiritual (véase Efesios 6:10-20) es la clave para resistir a Satanás en la guerra espiritual. Cada semana durante este estudio, usted aprenderá una parte de la armadura espiritual, la cual podrá encontrar en las páginas 129-131. Al finalizar usted podrá explicar cómo usar la armadura espiritual.

Para comenzar a aprender la armadura espiritual, estudie hoy el yelmo de la salvación. Pase a la página 129 y lea la presentación completa, destacando la parte del yelmo de la salvación.

El yelmo de la salvación deberá recordarle:

1. Agradecer a Dios que usted es su hijo;
2. Alabar a Dios por la vida eterna;
3. Pedir la mente de Cristo.

Recuerde la primera instrucción, deténgase y ore. Agradézcale a Dios que usted es hijo de Él.

La siguiente guía lo ayudará a darle gracias a Dios. Léala y úsela durante su período de oración.

GUÍA PARA LA ACCIÓN DE GRACIAS

La acción de gracias pone el cimiento para otros tipos de oración. Pautas para que la acción de gracias sea parte de su oración.

1. La fuente de la gratitud es la gracia. Dar gracias es nuestra reacción cuando reconocemos que todo lo que tenemos, recibimos y somos es un don de la gracia de Dios. La acción de gracias es regocijarse por lo que Dios nos dio aunque no lo merecemos. La gratitud auténtica indica nuestra sorpresa por ser Dios tan bueno con nosotros cuando nada merecemos. (Véase Hechos 27:35; 28:15; Romanos 6:17; 1 Corintios 1:4; Colosenses 1:12; Apocalipsis 11:17.)
2. La condición de la acción de gracias es el acuerdo mutuo. La acción de gracias implica que usted está de acuerdo con Dios. La Biblia lo exhorta a dar gracias en toda circunstancia (véase 1 Tesalonicenses 5:18) y a orar por lo que más le inquiete al hacer sus peticiones con acción de gracias (vea Filipenses 4:6).
3. La respuesta de la acción de gracias es la adoración. La acción de gracias responde a hechos específicos de Dios. La alabanza y la gratitud son parte natural de la adoración (vea Salmos 100:4; Hebreos 13:15). Sus oraciones adoran a su creador. Cuando le da gracias a Dios, entra en su presencia, y le presenta una ofrenda.
4. Se debe dar gracias por todo. Dios participa activamente en cada área de su vida y puede mostrarle su dirección incluso en los momentos más oscuros. Dar gracias a Dios le permite a Él obrar en su vida a través de dichas circunstancias.
5. El resultado de la acción de gacias es disfrutar de las bendiciones de Dios. Si le es difícil dar gracias en toda circunstancia, pídale al Espíritu su plenitud (vea Efesios 5:18-20).

Hoy lea Salmos 119:1-8 durante su devocional. Permita que Dios le hable a través de este pasaje. Luego complete la guía diaria de comunión con el Maestro.

GUÍA DIARIA DE COMUNIÓN CON EL MAESTRO

SALMOS 119:1-8

Qué me dijo Dios:

____

Qué le dije yo a Dios:

____

DÍA 2

Defina el campo de batalla

No os ha sobrevenido ninguna tentación que no sea humana; pero fiel es Dios, que no os dejará ser tentados más de lo que podéis resistir, sino que dará también juntamente con la tentación la salida, para que podáis soportar (1 Corintios 10:13).

Y despojando a los principados y a las potestades, los exhibió públicamente, triunfando sobre ellos en la cruz (Colosenses 2:15).

El día 1 aprendió que el diablo es fuerte. Sin embargo, en el Señor, los creyentes son más fuertes que él. En Cristo, los creyentes tienen la protección para resistir los ataques de Satanás. Este tienta, pero Dios nos proporciona la salida (1 Corintios 10:13).

Muchas veces al ser tentado, el Espíritu Santo me ha recordado un versículo que yo había memorizado. Esto me ha ayudado a enfrentar la tentación.

LA BATALLA ESPIRITUAL

Podemos triunfar porque, mediante su muerte y resurrección, Jesús triunfó sobre Satanás y sus huestes. Lea Colosenses 2:15.

¿Cómo triunfó Jesús sobre Satanás? Trace un círculo alrededor de los conceptos que correspondan.

encarnación crucifixión resurrección

En su crucifixión y resurrección, Cristo triunfó contra el diablo. Tuvo que venir mediante su encarnación para pelear la batalla como ser humano. El versículo de esta semana le asegura a usted esa victoria.

Deténgase y comience a atesorar en su corazón el versículo para memorizar esta semana: 1 Juan 4:4. Escríbalo en el margen de una a tres veces.

Pues aunque andamos en la carne, no militamos según la carne; porque las armas de nuestra milicia no son carnales, sino poderosas en Dios para la destrucción de fortalezas, derribando argumentos y toda altivez que se levanta contra el conocimiento de Dios, y llevando cautivo todo pensamiento a la obediencia a Cristo[...] (2 Corintios 10:3-5).

La naturaleza de la batalla es espiritual, y sus armas son espirituales; no son armas del mundo.

Lea los versículos de 2 Corintios que aparecen en el margen, los cuales ya leyó esta semana. Subraye qué clase de poder hay en las armas que usted usa en la batalla espiritual.

Las armas que usamos en la batalla espiritual tienen el poder de destruir fortalezas espirituales. Estos versículos expresan que usted puede llevar cautivo todo pensamiento y hacerlo obediente a Cristo.

Esta semana estudiará los tres tipos de fortaleza espiritual que definen el campo de batalla para la guerra espiritual:

- Fortalezas espirituales personales
- Fortalezas espirituales ideológicas
- Fortalezas espirituales cósmicas

Hoy aprenderá el primer tipo de fortaleza espiritual.

FORTALEZAS ESPIRITUALES PERSONALES

Los creyentes en Cristo luchan contra el mundo, la carne y el diablo. En *Vida discipular 2: La personalidad del discípulo* se usó el término *carne* para definir el cuerpo físico y la naturaleza pecaminosa. En este estudio, usaré una definición más amplia de esa palabra. Watchman Nee define la *carne* como "toda actitud que se asume o acción que se ejecuta sin depender totalmente del Señor Jesucristo".[1]

Las fortalezas espirituales personales son las áreas de nuestra vida donde somos más vulnerables a los ataques de Satanás. Son aquellas en las que Satanás parece tener la ventaja sobre usted.

Satanás ataca primero la carne, la cual es la tendencia y capacidad interior para pecar. Así influye la mente, la voluntad y las emociones. El diablo quiere que dependamos de nosotros mismos. Pablo nos advierte que no demos "lugar al diablo" (Efesios 4:27). Donde Satanás logre afianzarse pronto se convertirá en su fortaleza si no se le derrota con las armas espirituales.

En cada área suya donde Satanás se afiance o logre "hacer pie", levantará allí una fortaleza espiritual, si no es derrotado con armas espirituales.

Marque todo lo que corresponda:
❑ No tengo ninguna fortaleza espiritual enemiga.
❑ Tengo una fortaleza espiritual enemiga, o más.
❑ Puede que Satanás se afiance en un área de mi vida, o más.

Si alguna parte de su vida no está absolutamente consagrada a Dios, nombre esa área y describa cómo la misma es vulnerable al ataque satánico.

En el Sermón del Monte, Jesús enseñó cómo conducirnos en diversas áreas básicas donde Satanás puede afianzarse:

❑ amargura	**❑ rituales religiosos**
❑ apetitos carnales	**❑ codicia**
❑ palabras inadecuadas	**❑ soberbia**

Marque las fortalezas que haya en su vida. Agregue en el margen otras áreas que usted haya descubierto en *Vida discipular 2: La personalidad del discípulo.*

CÓMO DEMOLER FORTALEZAS ESPIRITUALES PERSONALES

Durante este estudio, identificará cómo el Espíritu Santo lo está ayudando a edificar un carácter semejante a Cristo, a medida que usted escoja fortalezas espirituales para demoler y características personales para consolidar en la semejanza a Cristo. Este es el siguiente paso en el proceso de la edificación del carácter cristiano que usted comenzó.

Lea los versículos, en el margen, que se refieren a la fortaleza de la amargura. Luego describa el área de amargura que necesite demoler en su vida, qué debe hacer para demolerla y las armas espirituales para usar en esa demolición. Más adelante en esta semana tomará nota de sus adelantos. He aquí un ejemplo.

Oísteis que fue dicho: Ojo por ojo, y diente por diente. Pero yo os digo: No resistáis al que es malo; antes, a cualquiera que te hiera en la mejilla derecha, vuélvele también la otra; y al que quiera ponerte a pleito y quitarte la túnica, déjale también la capa; y a cualquiera que te obligue a llevar carga por una milla, ve con él dos. Al que te pida, dale; y al que quiera tomar de ti prestado, no se lo rehúses. Oísteis que fue dicho: Amarás a tu prójimo, y aborrecerás a tu enemigo. Pero yo os digo: Amad a vuestros enemigos, bendecid a los que os maldicen, haced bien a los que os aborrecen, y orad por los que os ultrajan y os persiguen; para que seáis hijos de vuestro Padre que está en los cielos, que hace salir su sol sobre malos y buenos, y que hace llover sobre justos e injustos (Mateo 5:38-45).

GUÍA DIARIA DE COMUNIÓN CON EL MAESTRO

SALMOS 119:9-16

Qué me dijo Dios:

____

____

____

____

____

____

____

____

____

Qué le dije yo a Dios:

____

____

____

____

____

____

____

____

____

Fortaleza espiritual a demoler: Amargura hacia mi jefe
Qué debo hacer para demolerla: Orar por mi jefe en lugar de guardarle rencor
Armas espirituales que se usarán: El yelmo de la salvación: pedir la mente de Cristo; la espada del Espíritu: aprender qué dice la Palabra de Dios acerca de la amargura y sus consecuencias

Ahora experiméntelo usted.

Fortaleza espiritual a demoler: ______________________________

Qué debo hacer para demolerla: ______________________________

Armas espirituales que se usarán: ______________________________

Destruir una fortaleza espiritual no significa que usted jamás volverá a ser tentado en esa área, pero sí significa que Satanás no acampará en el interior de su persona para atraparlo en sus lazos.

Hoy lea Salmos 119:9-16 durante su devocional. Luego complete la guía diaria de comunión con el Maestro que aparece en el margen.

DÍA 3

Las influencias externas

Esta semana está estudiando los tres tipos de fortaleza espiritual que definen el campo de batalla para la guerra espiritual:

- Fortalezas espirituales personales
- Fortalezas espirituales ideológicas
- Fortalezas espirituales cósmicas

Hoy estudiará el segundo tipo de fortaleza espiritual.

FORTALEZAS ESPIRITUALES IDEOLÓGICAS

Las fortalezas espirituales ideológicas se construyen alrededor de sistemas de pensamientos e ideas incorporadas en las culturas, las cuales ejercen presión en los miembros de dichas culturas. A través de esta influencia, que la Biblia denomina el mundo, toda una sociedad comienza a reconocer ciertos valores. Lo que Satanás hace a los individuos a través de la carne, también lo hace a la sociedad a través del mundo. Con el tiempo, las fortalezas espirituales personales también llegan a incorporarse en las culturas como fortalezas espirituales.

En el mundo usted encontrará "argumentos y toda altivez que se levanta contra el conocimiento de Dios" (2 Corintios 10:5). El mundo incluye lo siguiente.

❏ **sistemas filosóficos**	❏ **sistemas educativos**
❏ **sistemas de valores**	❏ **sistemas religiosos**
❏ **sistemas económicos**	❏ **sistemas políticos**

En la lista anterior marque los sistemas que usted haya visto o experimentado que Satanás utiliza como fortaleza espiritual.

Los sistemas que Satanás ha usado podrían incluir el comunismo, el capitalismo, cuando conduce a las personas a darle la espalda a los pobres, el humanismo, el darwinismo, y las dictaduras. Tales sistemas también podrían incluir afirmaciones de intolerancia. Si usted dice que es cristiano, algunas personas responderán que usted es un fanático. Algunos dicen que los creyentes son intolerantes cuando se oponen a la homosexualidad, el aborto y la pornografía. Tales objeciones destruyen sutilmente el concepto de lo que es correcto e incorrecto.

Las fortalezas espirituales de Satanás también podrían incluir:

- la industria de los juegos de azar;
- la pornografía en nombre de la libertad de expresión;
- la revolución sexual;
- el secularismo;
- la revolución religiosa en el mundo occidental, la cual ha admitido otras religiones del mundo y ha creado otras nuevas.

¿Se sorprendió usted de encontrar sistemas religiosos en la lista? Me refiero a la religión hueca y ritualista que ostentaban los fariseos; para ellos lo más importante era el esfuerzo por hacer lo correcto en lugar de buscar una relación personal con Dios. Jesús dijo que los fariseos y su sistema religioso pertenecían al padre de ellos, el diablo. Pablo advertía: "Mirad que nadie os engañe por medio de filosofías y huecas sutilezas, según las tradiciones de los hombres, conforme a los rudimentos del mundo, y no según Cristo" (Colosenses 2:8).

No os ha sobrevenido ninguna tentación que no sea humana; pero fiel es Dios, que no os dejará ser tentados más de lo que podéis resistir, sino que dará también juntamente con la tentación la salida, para que podáis soportar (1 Corintios 10:13).

Lea en el margen 1 Corintios 10:13. Subraye la frase que afirma qué hace Dios cuando usted es tentado.

Lea en el margen 1 Juan 5:4. Escriba la palabra que caracteriza su victoria para vencer al mundo.

____

Porque todo lo que es nacido de Dios vence al mundo; y esta es la victoria que ha vencido al mundo, nuestra fe (1 Juan 5:4).

La carne y el mundo son los medios en que habita el diablo, pero eso no implica la posesión del espíritu. En la Biblia, las personas poseídas por espíritus malignos no eran cristianas. Como usted es creyente en Cristo, Dios le ha dado poder para huir de la tentación. Su fe es la victoria que afirma el poder de Dios sobre el mundo, la carne y el diablo.

Basado en el versículo para memorizar esta semana, usted tiene algo que es "mayor" o más poderoso que el tentador en el mundo. ¿Qué es?

____

Cristo, quien mora en usted, le da la victoria sobre el mundo y el tentador, Satanás.

El pasaje de Romanos 12:1-2 en el margen le brinda a los creyentes un antídoto contra los sistemas del mundo.

Así que, hermanos, os ruego por las misericordias de Dios, que presentéis vuestros cuerpos en sacrificio vivo, santo, agradable a Dios, que es vuestro culto racional. No os conforméis a este siglo, sino transformaos por medio de la renovación de vuestro entendimiento, para que comprobéis cuál sea la buena voluntad de Dios, agradable y perfecta (Romanos 12:1-2).

VÍSTASE CON LA ARMADURA ESPIRITUAL

Al pensar en combatir los sistemas malignos del mundo, recuerde las armas que está aprendiendo en la presentación de la armadura espiritual.

Deténgase y ore al considerar cada una de las siguientes armas, según se indica en la presentación de la armadura espiritual en las páginas 129-131.

- **El yelmo de la salvación**
- **La coraza de la justicia**
- **El cinturón de la verdad**
- **El calzado del evangelio**
- **El escudo de la fe**
- **La espada del Espíritu**

El día 1 usted aprendió tres instrucciones que obedecer al ponerse el yelmo de la salvación. Repáselas en la página 13.

Dé el segundo paso para ponerse el yelmo de la salvación, alabando a Dios por la vida eterna. Alabe a Dios por la seguridad de la vida eterna que usted tiene en Jesucristo.

Hoy lea Salmos 119:17-24 durante su devocional. Permita que Dios le hable a través de este pasaje. Luego complete la guía diaria de comunión con el Maestro.

DÍA 4

Para hurtar, matar y destruir

Satanás gobierna sobre un grupo de espíritus malignos, el cual, con la ayuda de la humanidad, establece una cultura del pecado que es contrario al orden justo de Dios. La meta de tal grupo es oponerse a la obra de Dios y hurtar, matar y destruir.

Esta semana usted estará estudiando los tres tipos de fortaleza espiritual que definen el campo de batalla para la guerra espiritual:

- Fortalezas espirituales personales
- Fortalezas espirituales ideológicas
- Fortalezas espirituales cósmicas

Hoy examinará la tercera fortaleza espiritual, la cual se concentra en la cultura satánica.

FORTALEZAS ESPIRITUALES CÓSMICAS

Lea los versículos de Juan 10. Luego responda lo siguiente.

¿Qué ofrece Jesús, el buen pastor? ____________________

¿Cuál es el propósito de Satanás? ____________________

¿Cuál es el medio para tener vida abundante? ____________

Jesucristo es el único medio de salvación. El mundo ofrece muchos medios seductores que aparentemente proporcionan gozo y placer, pero las promesas del mundo son frívolas. Las personas que creen en las mentiras de Satanás se encuentran en un camino destructivo que las aleja de la vida abundante en Jesús.

En el mundo que nos rodea, es decir, en la atmósfera, hay seres malignos que obran bajo el liderazgo de Satanás. Cuando yo asistía al seminario, algunos estudiosos afirmaban que los espíritus malignos eran condiciones sicológicas de la mente. Se desechó el concepto del diablo para definirlo como una fuerza o pensamiento general que representaba a las fuerzas malignas naturales de la humanidad. Por esa misma época, conocí algunos misioneros que enfrentaban muchas manifestaciones de Satanás y sus espíritus malignos en otras culturas. Cuando mi radiqué en el exterior como misionero, no afirmé que los espíritus malignos no existían, sino que destaqué que el Espíritu Santo de Dios, mediante la victoria de Jesucristo, es más poderoso que cualquier otro espíritu maligno o representante satánico (véase Colosenses 2:13-15).

En los últimos años del siglo XX, las fuerzas de Satanás han ganado tantas fortalezas espirituales en los Estados Unidos de Norteamérica que la población ha comenzado a tener conciencia de los espíritus malignos, lo oculto, los médiums, la comunicación con "seres incorpóreos" por medio de una persona viviente, la posesión demoníaca y el culto a Satanás. Es obvio que todos esos factores no son simples interpretaciones sicológicas. "No tenemos lucha contra sangre y carne, sino contra principados, contra potestades, contra los gobernadores de las tinieblas de este siglo, contra huestes espirituales de maldad en las regiones celestes" (Efesios 6:12). Las fortalezas espirituales en las regiones celestes, o la atmósfera que nos rodea, parecen ser la morada de diversas clases de seres espirituales que combaten la causa de Dios. En el Antiguo Testamento, el príncipe de Persia le impidió al ángel llegar a Daniel hasta que el arcángel Miguel lo ayudó. Lea Daniel 10:13.

Algunas personas usan el término *guerra espiritual estratégica* para referirse a la confrontación agresiva de Satanás y sus demonios por parte

GUÍA DIARIA DE COMUNIÓN CON EL MAESTRO

SALMOS 119:17-24

Qué me dijo Dios:

____

____

____

____

____

____

____

____

____

Qué le dije yo a Dios:

____

____

____

____

____

____

____

____

____

De cierto, de cierto os digo: El que no entra por la puerta en el redil de las ovejas, sino que sube por otra parte, ese es ladrón y salteador. Mas el que entra por la puerta, el pastor de las ovejas es. El ladrón no viene sino para hurtar y matar y destruir; yo he venido para que tengan vida, y para que la tengan en abundancia (Juan 10:1-2, 10).

Y a vosotros, estando muertos en pecados y en la incircuncisión de vuestra carne, os dio vida juntamente con él, perdonándoos todos los pecados, anulando el acta de los decretos que había contra nosotros, que nos era contraria, quitándola de en medio y clavándola en la cruz, y despojando a los principados y a las potestades, los exhibió públicamente, triunfando sobre ellos en la cruz (Colosenses 2:13-15).

Mas el príncipe del reino de Persia se me opuso durante veintiún días; pero he aquí Miguel, uno de los principales príncipes, vino para ayudarme, y quedé allí con los reyes de Persia (Daniel 10:13).

Los creyentes en Cristo necesitan estar alertas a la realidad de la guerra espiritual.

de intercesores. En el desierto, en el huerto de Getsemaní y en otros momentos críticos de su ministerio, Jesús nos mostró cómo enfrentarnos con Satanás. Sin embargo, valga la precaución: Hay muchas enseñanzas actuales que parecen basarse más en la experiencia que en la instrucción bíblica. Interprete sus experiencias de acuerdo con la Biblia y evite hacerla coincidir con sus experiencias.

Lo esencial es que Cristo ya ha ganado la victoria sobre las huestes espirituales de maldad. Necesitamos afirmar esa victoria y exaltar a Cristo. Él nos guiará a la victoria.

ESTEMOS ALERTAS AL ENEMIGO

Los creyentes en Cristo necesitan estar alertas a la guerra espiritual. Marque todo resultado positivo que usted ya haya experimentado por prestar mayor atención a la guerra espiritual.

El conocimiento de la guerra espiritual:

- ❏ **hace que los creyentes puedan reconocer mejor a Satanás y sus fuerzas;**
- ❏ **contribuye a que los creyentes reconozcan que son partícipes en una batalla espiritual cósmica;**
- ❏ **anima a los creyentes a estudiar las Escrituras para entender los engaños, las tentaciones, las persecuciones y prácticas ocultas de Satanás;**
- ❏ **contribuye a identificar las mayores maquinaciones del diablo, las cuales incluyen acusaciones, distracciones, engaño, manipulación, división, confusión, desaliento, desesperación y herejía;**
- ❏ **contribuye a que los creyentes aprendan a depender de Dios para obtener victoria.**

Marque cualquiera de las siguientes consecuencias por el exceso de énfasis en la guerra espiritual que haya experimentado o visto.

Un énfasis exagerado de la guerra espiritual hace que:

- ❏ **las personas se preocupen más por Satanás y sus fuerzas que por Dios. La atención indebida a las fuerzas satánicas hace que las personas se vuelvan más vulnerables a aquellas.**
- ❏ **las personas le atribuyan a Satanás acciones que resultan de la carne y el mundo. Debemos responsabilizarnos por nuestros pecados en lugar de decir "el diablo me lo hizo hacer".**
- ❏ **indebidamente las personas dan mayor importancia a reprender directamente a Satanás. Ni siguiera el arcángel Miguel se atrevió a hacerlo (véase Judas 9). Algunas prácticas para reprender a Satanás suenan como si la persona dirigiera su oración al diablo en lugar de a Dios.**
- ❏ **indebidamente las personas dan mayor importancia a atar directamente a Satanás. Jesús es quien ata al hombre fuerte, como lo afirma Mateo 12:28-29, en el margen.**

¿Qué dice el versículo para memorizar esta semana, 1 Juan 4:4, sobre el poder de Satanás en comparación con el poder de Dios? Practique hoy su memorización.

Deténgase y ore para mantener una perspectiva adecuada sobre su actitud acerca de la guerra espiritual y mantenerse atento a su necesidad de afirmar la victoria de Cristo sobre el enemigo.

VÍSTASE CON LA ARMADURA ESPIRITUAL
Como lo está estudiando, la armadura espiritual es un medio útil para ocuparse de las batallas espirituales. Repase las tres instrucciones para ponerse el yelmo de la salvación en la página 13.

Practique la tercera instrucción exigiendo para usted la mente de Cristo. 1 Corintios 2:16 dice:

"Porque ¿quién conoció la mente del Señor?
¿Quién le instruirá?"
Mas nosotros tenemos la mente de Cristo.

Usted recibió la mente de Cristo con su experiencia de salvación. Deténgase ahora y dé gracias a Dios porque tiene la mente de Cristo al experimentar conflictos y victorias espirituales.

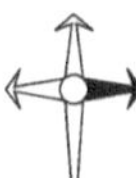

Explíquele la parte del "yelmo de la salvación" de la armadura espiritual a su familia, a un hermano en la fe o a un grupo. Dios lo ayudará a encontrar un modo de ministrar a esa(s) persona(s).

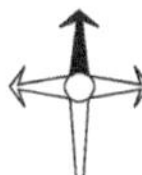

Esta semana use la armadura espiritual durante su vida de oración.

CÓMO DEMOLER FORTALEZAS ESPIRITUALES PERSONALES
El día 2 usted identificó una fortaleza enemiga que deseaba destruir con respecto a la amargura, o una actitud o acción equivocada. Escriba un breve informe sobre sus adelantos en el uso de arma(s) espiritual(es) que anotó en su lista para destruir dicha fortaleza enemiga.

Cómo uso las armas espirituales para destruir la amargura:

____

____

Pero si yo por el Espíritu de Dios echo fuera los demonios, ciertamente ha llegado a vosotros el reino de Dios. Porque ¿cómo puede alguno entrar en la casa del hombre fuerte, y saquear sus bienes, si primero no le ata? Y entonces podrá saquear su casa (Mateo 12:28-29).

Usted recibió la mente de Cristo con su experiencia de salvación.

GUÍA DIARIA DE COMUNIÓN CON EL MAESTRO

SALMOS 119:25-32

Qué me dijo Dios:

____

____

____

____

____

____

____

____

____

Qué le dije yo a Dios:

____

____

____

____

____

____

____

____

____

NUESTRO TESTIMONIO A QUIENES NOS RODEAN

No hay dudas de que conociendo bien los ataques de Satanás y la condición vulnerable de los humanos a tales ataques, usted está más consciente de que hay personas que no conocen a Cristo. Quizás reconozca la necesidad que dichas personas tienen de conocerlo para tener el poder de Cristo en sus vidas. Si usted no lo ha hecho todavía, conscientemente comience a permitir que Cristo fluya a través de sus relaciones personales. Hay tres clases de testimonios que pueden usarse:

1. *Testificar a quienes nos rodean:* Testificar de Cristo a familiares y amigos
2. *Testificar en la vida cotidiana:* Testificar de Cristo a personas que conocemos en el trato habitual de nuestra vida
3. *Testificar mediante la visitación:* Visitar intencionalmente a alguien para testificarle de Cristo

Comience a alcanzar a otras personas para Cristo donde usted esté, en sus círculos de influencia. Este procedimiento sencillo puede progresar tan lenta o rápidamente como usted lo desee:

1. En el gráfico de círculos de influencia (p. 135) y en la "Lista para el pacto de oración" (p. 143), haga una lista de familiares y amigos que usted crea que no conocen a Cristo. En las siguientes semanas anote los nombres de personas en cada círculo de influencia de su vida.
2. Evalúe su relación con cada persona. Con frecuencia no nos atrevemos a testificarle a nuestros familiares porque nuestra vida no ha sido lo que debería ser. Ya que ha estudiado dos libros de la serie *Vida discipular*, el testimonio de su vida debe haber mejorado.
3. Ore regularmente por esas personas. Agregue otros nombres a su lista para orar por ellos. La oración va labrando el suelo del corazón para plantar luego la semilla del evangelio.
4. Sirva a esas personas descubriendo y satisfaciendo sus necesidades. Cuando usted sirve a los demás debido a su amor por ellos y por ser siervo de Cristo, el Espíritu Santo obrará en el corazón de ellos.
5. Asocie la provisión de Cristo con las necesidades de esas personas. Al orar, abra líneas de comunicación con ellas y sírvales. El Espíritu Santo proporcionará oportunidades para testificarles.

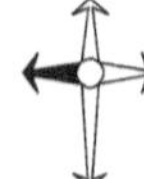

Comience una lista en el gráfico de círculos de influencia (p. 135) de personas que no conocen a Cristo. Anote sus nombres en la "Lista para el pacto de oración" (p. 143). Complete la lista de sus familiares inmediatos y parientes.

Lea Salmos 119:25-32 durante su devocional. Permita que Dios le hable a través de este pasaje. Luego complete la guía diaria de comunión con el Maestro.

DÍA 5

Conquiste la victoria

Todos los creyentes participan en la guerra espiritual a nivel personal, ideológico y cósmico al enfrentarse con el mundo, la carne y el diablo. Cristo ha ganado la victoria sobre todos los poderes malignos y le da la victoria a los creyentes que dependen absolutamente de Él y usan las armas espirituales que Él provee. Enfrentamos una intensificación de la guerra espiritual y debemos valernos del poder de Dios para vencer a Satanás y sus fuerzas. Primera Pedro 5:8-9 confirma el hecho de que "el diablo está vivito y coleando" y nos acecha.

Quienes luchan con fortalezas espirituales personales también necesitan luchar contra los sistemas ideológicos del mundo para que vivamos vidas santas y cumplamos con la misión de Dios en el mundo. Consideremos ahora el pasaje de 2 Corintios 10:3-5, con el cual comenzó nuestro estudio y que se refiere al ataque de Satanás. Lea dichos versículos.

Sed sobrios, y velad; porque vuestro adversario el diablo, como león rugiente, anda alrededor buscando a quien devorar; al cual resistid firmes en la fe, sabiendo que los mismos padecimientos se van cumpliendo en vuestros hermanos en todo el mundo (1 Pedro 5:8-9).

Pues aunque andamos en la carne, no militamos según la carne; porque las armas de nuestra milicia no son carnales, sino poderosas en Dios para la destrucción de fortalezas, derribando argumentos y toda altivez que se levanta contra el conocimiento de Dios, y llevando cautivo todo pensamiento a la obediencia a Cristo[...]" (2 Corintios 10:3-5).

LAS ARMAS ESPIRITUALES

El vocablo griego traducido como *armas* es *panoplia* (del cual se deriva el término español "panoplia", que define una colección de armas colocadas en orden). La *panoplia* era el equipo completo que usaba la infantería griega fuertemente armada. Entonces, "las armas" se refiere al conjunto completo de ayudas espirituales que Dios nos proporciona para vencer las tentaciones del diablo.

Enumere las "armas" que el mundo usa para combatir.

Tal vez haya enumerado armas palpables como los puños, armas de fuego, armas blancas y demás objetos que causan daño físico. Puede que también haya enumerado armas impalpables como la calumnia, el chisme y la murmuración en contra de alguien. Segunda Corintios 10:3-5 indica claramente que los creyentes deben escoger otros medios para luchar en lugar de esas opciones dañinas.

La lógica, los esfuerzos físicos, el pensamiento positivo y las tácticas sicológicas no vencerán a Satanás. Solamente las armas espirituales que Dios nos proporciona pueden ganar victorias espirituales.

Lea Efesios 6:11-18. Subraye las seis armas que Dios nos proporciona para combatir a Satanás.

Otro término importante que encontramos en 2 Corintios 10:3-5 es *destrucción*, el cual proviene de un vocablo griego que significa *demoler* o *derribar algo*. Usted se encuentra en el proceso de derribar fortalezas espirituales del diablo, tal como los obreros demoledores derriban un edificio viejo valiéndose de un pesado martillo de demolición.

Vestíos de toda la armadura de Dios, para que podáis estar firmes contra las asechanzas del diablo. Porque no tenemos lucha contra sangre y carne, sino contra principados, contra potestades, contra los gobernadores de las tinieblas de este siglo, contra huestes espirituales de maldad en las regiones celestes. Por tanto, tomad toda la armadura de Dios, para que podáis resistir en el día malo, y habiendo acabado todo, estar firmes. Estad, pues, firmes, ceñidos vuestros lomos con la verdad, y vestidos con la coraza de justicia, y calzados los pies con el apresto del evangelio de la paz. Sobre todo, tomad el escudo de la fe, con que podáis apagar todos los dardos de fuego del maligno. Y tomad el yelmo de la salvación, y la espada del Espíritu, que es la palabra de Dios; orando en todo tiempo, con toda oración y súplica en el Espíritu, y velando en ello con toda perseverancia y súplica por todos los santos (Efesios 6:11-18).

CÓMO DEMOLER FORTALEZAS ESPIRITUALES PERSONALES

El día 2 usted identificó una fortaleza enemiga que deseaba destruir con respecto a la amargura. Escriba un breve informe sobre sus adelantos en el uso de arma(s) espiritual(es) que anotó en su lista para destruir dicha fortaleza enemiga.

Cómo he usado arma(s) espiritual(es) para destruir la amargura.

No es fácil derribar fortalezas enemigas. Usted se enfrentará a afirmaciones que amenazan debilitar su fe y tendrá pensamientos que no honran a Cristo.

Según estudió esta semana, quizás las enseñanzas acerca del enemigo lo hayan asustado. No permita que Satanás lo asuste. Cristo derrotó al adversario. Jesús dijo que vino a darle vida abundante a usted, lo opuesto de quien viene para hurtar, matar y destruir. Durante las siguientes semanas se preparará mediante la armadura espiritual para salir victorioso y mantenerse firme cuando haya concluido la batalla. Recuerde que su tema de estudio es la victoria del discípulo y no la guerra espiritual.

CÓMO DEMOLER UNA FORTALEZA ESPIRITUAL ENEMIGA

He aquí un breve resumen de cómo derribar una fortaleza espiritual enemiga. Puede fotocopiar este resumen y guardarlo para consultarlo.

1. Identifique el argumento equivocado que se establece en contra de Dios. Determine qué es incorrecto.
2. Identifique cómo se ha establecido la fortaleza: a través de la carne, etc. Lea 1 Juan 4:1-6, referente a cómo probar los espíritus.
3. Identifique las armas espirituales para la guerra, en contraste con las soluciones mundanas.
4. Declare la guerra contra el pensamiento o pretensión que se establece en contra del conocimiento de Cristo como sigue:
   a. use pensamientos o argumentos de las Escrituras;
   b. pida tener la mente de Cristo;
   c. use armas espirituales (véase Efesios 6:11-17), y pida el poder del Espíritu en oración (véase Efesios 6:18);
   d. manifieste claramente la verdad del evangelio con valentía (véase Efesios 6:19);
   e. reclame la victoria por fe.
      - Recuerde que “mayor es el que está en vosotros, que el que está en el mundo” (1 Juan 4:4).
      - Cristo ha derrotado a Satanás y ha despojado de poder a todos los principados
5. Gane la victoria, prometida en 1 Juan 5:2-3,18-20 (lea esos versículos), de esta manera:

a. ame a Dios (véase 1 Juan 5:3);
b. guarde sus mandamientos (véase 1 Juan 5:3);
c. asegúrese de haber nacido de Dios;
d. crea que Jesús es el Hijo de Dios;
e. crea que, debido a que Dios lo mantiene fuera de peligro, el maligno no puede hacerle dañarlo a usted (véase 1 Juan 5:18).

En esto conocemos que amamos a los hijos de Dios, cuando amamos a Dios, y guardamos sus mandamientos. Pues este es el amor a Dios, que guardemos sus mandamientos; y sus mandamientos no son gravosos... Sabemos que todo aquel que ha nacido de Dios, no practica el pecado, pues Aquel que fue engendrado por Dios le guarda, y el maligno no le toca. Sabemos que somos de Dios, y el mundo entero está bajo el maligno. Pero sabemos que el Hijo de Dios ha venido, y nos ha dado entendimiento para conocer al que es verdadero; y estamos en el verdadero, en su Hijo Jesucristo. Este es el verdadero Dios, y la vida eterna (1 Juan 5:2-3, 18-20).

Lea Juan 15:5. ¿Qué dice este versículo acerca de la guerra espiritual?

____

Tal vez respondió: Todos mis pensamientos deben reflejar a Dios como el centro de mi vida. Sin Él, nada puedo hacer, incluso evaluar los pensamientos y afirmaciones que provienen del mundo.

Mientras que el mundo puede usar armas como las que anotó en la página 24, un seguidor de Cristo usa la espada del Espíritu, la Palabra de Dios, para librar la batalla. Usted utilizará dicha arma en las tres actividades siguientes.

Es probable que ya haya memorizado el versículo de esta semana de 1 Juan 4:4. Dígaselo a un familiar o un amigo.

Hoy lea Salmos 119:33-40 durante su devocional. Permita que Dios le hable. Luego complete la guía diaria de comunión con el Maestro.

Yo soy la vid, vosotros los pámpanos; el que permanece en mí, y yo en él, éste lleva mucho fruto; porque separados de mí nada podéis hacer (Juan 15:5).

Aprenda a valerse de la espada del Espíritu en forma efectiva. El siguiente material contribuirá a que usted obtenga más de su lectura y estudio bíblico.

CÓMO ESTUDIAR LA PALABRA DE DIOS

Escuche a Dios hablar cuando usted lee su Palabra.

1. Lea la Biblia en forma sistemática. Lea un libro completo de la Biblia, más o menos a razón de un capítulo por día. Lea diferentes tipos de escrituras bíblicas.
2. Escuche a Dios hablar en una de las cuatro áreas para la cual la Biblia afirma que se usa: enseñar (enseñar la fe), reprender (rectificar el error), corregir (enderezar la dirección en la vida de una persona) e instruir (capacitar a una persona para vivir correctamente). Lea 1 Timoteo 3:16-17. Al leer la Biblia, revise esas cuatro áreas hasta que reconozca espontáneamente cuándo Dios le habla de esas maneras.
3. Marque las palabras, frases y versículos que le llamen la atención. Tal vez quiera escribir lo siguiente en el margen: una *M* junto a los versículos que desee MEMORIZAR; una *E* junto a las ENSEÑANZAS importantes para su vida; una *C* para

GUÍA DIARIA DE COMUNIÓN CON EL MAESTRO

SALMOS 119:33-40

Qué me dijo Dios:

____

____

____

____

____

____

____

____

____

Qué le dije yo a Dios:

____

____

____

____

____

____

____

____

____

CORREGIR el curso de su vida; una *R* para REPRENDER o redargüir; o una *I* para INSTRUCCIONES. Repase periódicamente los versículos que haya marcado en una de las categorías.

4. Resuma lo que Dios le ha dicho a través de las Escrituras. Tal vez prefiera usar el diario *Day by Day in God's Kingdom: A Discipleship Journal.* Dicho diario no sólo sugiere lecturas bíblicas y versículos para memorizar sino que también le proporciona espacio para anotar lo que experimente en su tiempo devocional.[2] Repase lo que usted anote. Verifique algún patrón de comunicación que surja.
5. Ore por lo que Dios le ha dicho. Utilice el formato de la "Guía diaria de comunión CON EL MAESTRO" para escribir qué le dice Dios y qué usted le dice a Dios. Si usa dicho plan regularmente, llegará a ser algo totalmente natural cuando hable con Dios. Más tarde comprobará los patrones mediante los cuales Dios se ha comunicado con usted.
6. Persevere. Procure ser constante y no se preocupe por la cantidad de tiempo dedicado.

¿NOTÓ ALGUNA DIFERENCIA ESTA SEMANA?

Repase la sección "Mi andar con el Maestro en esta semana" al comienzo del material para esta semana. Marque las actividades que completó con una línea vertical en el diamante. Termine toda actividad incompleta. Piense en lo que dirá durante la sesión de grupo acerca de su trabajo en tales actividades.

Al terminar el estudio acerca de "Venza al enemigo", lea los siguientes conceptos y marque todos los que correspondan.

- ❑ **Estoy más consciente que nunca de cómo trata Satanás de derrotarme.**
- ❑ **Me he consagrado a usar la Palabra de Dios y la oración como armas contra los ataques de Satanás.**
- ❑ **Estoy tratando de reemplazar las fortalezas espirituales del maligno en mi vida por características más semejantes a Cristo.**
- ❑ **Deseo verdaderamente que Cristo sea el centro de mi vida, llevando cautivo todo pensamiento y evaluándolo según el criterio de Cristo.**

Hay que ser valiente para reconocer que en su vida hay un lugar donde Satanás se ha afianzado. Reconocer cuán vulnerable es usted constituye un primer paso saludable para librarse de la garra de Satanás y reemplazar el proceder de él por el de Cristo. Al seguir adelante con este estudio, usted empuñará más armas para la batalla espiritual.

---

1. Edward Rommen, ed., *Spiritual Power and Missions: Raising the Issues* (Pasadena, Calif.: William Carey Library, 1995), 152.
2. *Day by Day in God's Kingdom: A Discipleship Journal* (art. 0-7673-2577-X) puede conseguirse en librerías bautistas.

SEMANA 2

La verdad y la fe

La meta de esta semana

Explicará la relación entre la verdad y la fe. Basado en la Palabra de Dios, ejercitará su fe para orar por una necesidad o un problema.

Mi andar con el Maestro en esta semana

Completará las actividades para desarrollar las seis disciplinas bíblicas. Cuando las haya completado trace una línea vertical en el diamante que hay junto a la actividad.

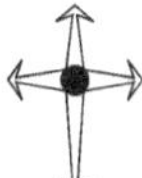

DEDICARLE TIEMPO AL MAESTRO

◇ Tenga un tiempo devocional cada día. Marque los días en que tenga su devocional: ❑ Domingo ❑ Lunes ❑ Martes ❑ Miércoles ❑ Jueves ❑ Viernes ❑ Sábado

VIVIR EN LA PALABRA

◇ Lea su Biblia diariamente. Escriba qué le dice Dios y qué le dice usted a Él.
◇ Memorice 2 Timoteo 3:16-17.
◇ Repase 1 Juan 4:4.
◇ Lea "Cómo escuchar la Palabra de Dios".
◇ Use el formulario titulado "Escuchemos la Palabra" para una lección de la Escuela Dominical, un sermón o una audiograbación.

ORAR CON FE

◇ Durante su período de oración, use la "Guía a la alabanza".
◇ Escriba promesas que se apliquen a su Lista para el pacto de oración.

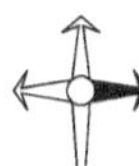

TENER COMUNIÓN CON LOS CREYENTES

◇ Identifique fuentes de ayuda de su iglesia para la guerra espiritual.
◇ Explíquele a otra persona la parte de "la coraza de justicia".

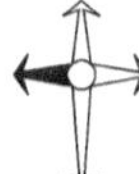

TESTIFICAR AL MUNDO

◇ En el "Gráfico de círculos de influencia" escriba los nombres de personas inconversas.
◇ Cultive su amistad con personas inconversas.

MINISTRAR A OTROS

◇ Aprenda la parte de "la coraza de justicia" de la armadura espiritual.

Versículos para memorizar esta semana

Toda la Escritura es inspirada por Dios, y útil para enseñar, para redargüir, para corregir, para instruir en justicia, a fin de que el hombre de Dios sea perfecto, enteramente preparado para toda buena obra (2 Timoteo 3:16-17).

GUÍA DIARIA DE COMUNIÓN CON EL MAESTRO

SALMOS 119:41-48

Qué me dijo Dios:

____

____

____

____

____

____

____

____

____

Qué le dije yo a Dios:

____

____

____

____

____

____

____

____

____

DÍA 1

El origen de la verdad

Los problemas de Don Dennis comenzaron cuando era niño. Sus padres eran alcohólicos, y muchas veces vio a su padre abusar físicamente de su madre hasta que por fin se divorciaron. Después lo enviaron a vivir con sus abuelos. Dennis comenzó a beber y a drogarse. A los 16 años fue a la cárcel por primera vez, por haber girado cheques sin fondos y haber robado a mano armada. A los 43 años se lo condenó a cadena perpetua por ser una persona antisocial sin esperanzas de recuperarse.

Mientras Dennis estaba en la prisión, otro prisionero le envió una nota con su testimonio de fe en Dios. La nota decía: "Recuerdo haber leído en el Nuevo Testamento que Jesús murió por los oprimidos. Antes de eso creía que Jesús esa solo para las personas justas, sin embargo me di cuenta que Jesús decía: `Te perdono'. Acepté a Jesús en mi vida y fui bautizado".

La verdad de la Palabra de Dios fue crucial en la experiencia de salvación del prisionero. Los versículos bíblicos de esta semana hablan de la importancia que tiene la Palabra de Dios. Vuelva a la página 27 y lea esta Escritura en voz alta para comenzar a aprenderla.

Tres meses después Don Dennis fue bautizado, y la corte suprema del estado de Washington celebró una audiencia para una apelación de su caso. Gracias a un error técnico le redujeron la sentencia al tiempo que ya había pasado encarcelado y por consecuencia salió libre. Sin embargo, Dennis comenzó a sufrir una serie de nuevos problemas cuando trató de vivir la vida cristiana como un hombre libre. Visitó varias iglesias, pero su condición de expresidiario siempre interfería. Dennis me explicó: "Las personas me temen y eso me hizo sentir resentido". Dennis llegó a contarnos que los malentendidos entre él y los miembros de las iglesias habían frustrado sus esfuerzos por madurar como creyente. "Sabía cómo vivir para Jesús en la capilla de la prisión, pero no sé cómo vivir aquí, en las calles".

Se acordó que un hombre, que trabajaba en el ministerio de las cárceles, le había prometido ayudarlo si alguna vez salía de la prisión. Aquel hombre invitó a Dennis a vivir en su casa y lo ayudó a conseguir un trabajo, donde conoció a Carol, su futura esposa. Comenzaron a ir a la iglesia y los invitaron a participar en el curso de *Vida discipular*. Dennis dijo: "Cuando vi la cruz del discípulo, por fin entendí cómo incorporar la estructura que me ayudaría a tratar con el mundo". La vida cristiana de Dennis se desarrolló rápidamente, y Dios lo llamó para trabajar en el ministerio con los prisioneros usando los materiales de *Vida discipular* durante y después de estar encarcelados, en todos los Estados Unidos y también en el extranjero. El uso de *Vida discipular* en las prisiones se ha expandido por todos los Estados Unidos con éxito inesperado.

De la misma manera como Dennis luchó entre el camino de Satanás y el camino del Espíritu, cada creyente debe decidir cuál es la verdad. En toda contienda espiritual usted debe determinar si la verdad es lo que proviene de la Palabra de Dios, o es lo que dice el mundo. Satanás quiere que usted dude de la Palabra de Dios, y escuche sus mentiras. Por eso, debe tomar la espada del Espíritu, que es su Palabra, y el escudo de la fe para ayudarse a andar por fe aún cuando no vea cuál será el resultado. Al final del estudio de esta semana será capaz de:

- definir *la verdad*;
- definir *la fe* parafraseando Hebreos 11:1;
- desarrollar un plan para demostrar su fe en acción;
- explicar la relación entre la verdad y la fe.

Si vosotros permaneciereis en mi palabra, seréis verdaderamente mis discípulos; y conoceréis la verdad, y la verdad os hará libres (Juan 8:31-32).

Jesús dijo: Yo soy el camino, y la verdad, y la vida; nadie viene al Padre, sino por mí (Juan 14:6).

Lo que era desde el principio, lo que hemos oído, lo que hemos visto con nuestros ojos, lo que hemos contemplado, y palparon nuestras manos tocante al Verbo de vida (porque la vida fue manifestada, y la hemos visto, y testificamos, y os anunciamos la vida eterna, la cual estaba con el Padre, y se nos manifestó); lo que hemos visto y oído, eso os anunciamos, para que también vosotros tengáis comunión con nosotros; y nuestra comunión verdadera es con el Padre, y con su Hijo Jesucristo. Estas cosas os escribimos, para que vuestro gozo sea cumplido (1 Juan 1:1-4).

LA VERDAD DE JESUCRISTO

Lea Juan 8:31-32, en el margen. En el versículo 32 Jesús habló de su misión en la tierra: comunicar la verdad, la realidad de Dios, a toda persona. Amar la verdad espiritual es amar a Cristo.

Responda las siguientes preguntas basándose en lo que leyó en Juan 8:31-32.
¿Quién es la fuente de verdad? ____________________
¿Cuál es la fuente de verdad? ____________________
¿Cómo reacciona usted a la verdad? ____________________
¿Cómo lo ayuda la verdad espiritual a usted? ____________________

En el sentido espiritual, la verdad es la revelación de Dios a usted. Esa verdad se ve claramente revelada en Jesús, el Verbo encarnado (lea en el margen Juan 14:6 y 1 Juan 1:1-4). La Biblia es la revelación de Dios por escrito. Usted responde a la verdad permaneciendo en ella o siguiendo a Cristo. Cuando permanezca en la Palabra, será libre de la cautividad del pecado. Cuando reconozca que Cristo es su Salvador y confíe en Él, será libre del temor a la muerte. Entonces, será libre para creer que vivirá por siempre con el Padre.

Según el pasaje de Romanos 6:17-18, en el margen, ¿de qué se ha librado usted?

____

Pero gracias a Dios, que aunque erais esclavos del pecado, habéis obedecido de corazón a aquella forma de doctrina a la cual fuisteis entregados; y libertados del pecado, vinisteis a ser siervos de la justicia (Romanos 6:17-18).

La verdad lo libera de la cautividad del pecado. La verdad de Jesucristo libera a las personas del pecado y les da vida eterna.

Las palabras "la verdad os hará libres" aparecen con frecuencia en las entradas de las universidades y las dependencias judiciales. Parece que significa que el conocimiento y entendimiento puede

liberarlo. ¿Cree que el uso de esta frase signifique lo mismo que Cristo dijo? ❑ Sí ❑ No ¿Por qué? Vea la respuesta a continuación.

Cuando Jesús respondió esto en Juan 8:32, se refería a la verdad que representaba la revelación de Dios. Esta es la única verdad que puede liberar a las personas de las garras del pecado.

VÍSTASE CON LA ARMADURA ESPIRITUAL

Tal como aprendió en la semana 1, ponerse la armadura espiritual es la clave para mantenerse alejado de las influencias de Satanás en su vida. Pase a la página 129 y repase la presentación de la armadura espiritual, haciendo énfasis en la coraza de la justicia. Cuando finalice este estudio usted será capaz de explicar toda la presentación con sus propias palabras.

La coraza de la justicia le recuerda que debe hacer tres cosas:

1. Pedirle a Dios que examine su corazón y le revele cualquier iniquidad.
2. Confesar su pecado
3. Pedirle al Señor que con su justicia cubra sus pecados y que lo justifique delante de Él.

Examíname, oh Dios, y conoce mi corazón;
Pruébame y conoce mis pensamientos;
Y ve si hay en mí camino de perversidad,
Y guíame en el camino eterno (Salmos 139:23-24).

Fije su atención en el punto uno que leyó. Deténgase y pídale a Dios que examine su corazón para que le revele cualquier iniquidad que pudiese haber. Lea Salmos 139:23-24 en el margen.

Hoy lea Salmos 119:41-48 en su devocional. Escuche a Dios hablándole por medio de este pasaje. Luego complete la guía diaria de comunión con el Maestro en el margen de la página 28.

DÍA 2

La verdad de Dios revelada

Vosotros sois de vuestro padre el diablo, y los deseos de vuestro padre queréis hacer. Él ha sido homicida desde el principio, y no ha permanecido en la verdad, porque no hay verdad en él. Cuando habla mentira, de suyo habla; porque es mentiroso, y padre de mentira (Juan 8:44).

El día 1 leímos acerca del cambio que se produjo en la vida de Dennis. Este criminal empedernido reaccionó ante la verdad de la Palabra de Dios reconociendo que estaba perdido en el pecado. Obtuvo el perdón y ahora tiene victoria en Cristo. Antes de que ese cambio sucediera, Dennis había escuchado otras voces que le mentían, queriéndolo convencer de que el robo, el alcohol y las drogas eran la manera de satisfacer sus necesidades.

Lea Juan 8:44 en el margen. ¿Quién es el padre de las mentiras?

____

Lo opuesto a la verdad es la mentira, y Satanás es el autor. El ataque de Satanás apunta siempre a la verdad de Dios. La jactancia impía de la sabiduría y autosuficiencia humanas contradicen dicha verdad.

Lea Romanos 1:25 en el margen. ¿De qué acusa Pablo a los impíos?
❑ De cambiar la verdad de Dios por una mentira
❑ De adorar y servir al Creador

Ya que cambiaron la verdad de Dios por la mentira, honrando y dando culto a las criaturas antes que al Creador, el cual es bendito por los siglos. Amén (Romanos 1:25).

Las personas que siguen el proceder del mundo y adoran lo que el mundo les ofrece prefieren la mentira y la falsedad. (La frase correcta es la primera.)

Si ha estudiado *Vida discipular 2: La personalidad del discípulo,* aprendió que el hombre natural es alguien que está cerca del Espíritu de Dios, pero se deja atrapar por la tentación y el poder de Satanás. La persona natural toma decisiones basándose en la información física y cualquiera lógica o sentimiento a la cual lo relacione la persona. La persona natural adquiere la información por medio de los sentidos y la interpreta con su mente. Algunas veces la voluntad, los sentimientos y la naturaleza pecadora de la persona natural la llevan a tomar decisiones equivocadas. En el mejor de los casos, la personalidad del hombre natural está atada al mundo e influenciada por el diablo y el error. Como resultado de esto, dicha persona no puede entender la verdad espiritual.

Pero el hombre natural no percibe las cosas que son del Espíritu de Dios, porque para él son locura, y no las puede entender, porque se han de discernir espiritualmente (1 Corintios 2:14).

Lea 1 Corintios 2:14 en el margen; luego complete este ejercicio: Pero el hombre __________ no percibe las cosas que son del _________ _____ __________, porque para él son _________, y no las puede ______, porque se han de discernir _________________.

CÓMO DEMOLER FORTALEZAS ESPIRITUALES PERSONALES

La semana pasada estudió la fortaleza espiritual de la amargura en su vida. Hoy veremos otra fortaleza mencionada en el Sermón del Monte y consideraremos los caminos del Espíritu Santo que ayudan a construir un carácter más semejante a Cristo mientras usted demuele la fortaleza de la amargura.

Oísteis que fue dicho: No cometerás adulterio. Pero yo os digo que cualquiera que mira a una mujer para codiciarla, ya adulteró con ella en su corazón. Por tanto, si tu ojo derecho te es ocasión de caer, sácalo, y échalo de ti; pues mejor te es que se pierda uno de tus miembros, y no que todo tu cuerpo sea echado al infierno. Y si tu mano derecha te es ocasión de caer, córtala, y échala de ti; pues mejor te es que se pierda uno de tus miembros, y no que todo tu cuerpo sea echado al infierno (Mateo 5:27-30).

Lea los versículos del margen que hablan sobre los apetitos carnales. Estos apetitos carnales son los deseos de las cosas prohibidas o de aquello que se opone a la voluntad de Dios. Describa un área de su vida donde los apetitos carnales deben ser demolidos, describa también qué cosas debe hacer para derribarlos y qué arma espiritual usará. Más adelante en la semana apuntará su progreso.

Pero los que son de Cristo han crucificado la carne con sus pasiones y deseos. Si vivimos por el Espíritu, andemos también por el Espíritu (Gálatas 5:24-25).

Aquí tiene un ejemplo:

Una fortaleza que debo demoler en mi vida: Apetitos carnales; dificultad para resistir ver las revistas que muestran sexo explícito y producen lascivia.

Qué haré para demolerla: Evitar mirar dichas revistas; destruir las que tenga en mi poder; repasar y ser obediente a Juan 8:31-32

Arma(s) espiritual(es) que usaré: El casco de la salvación (pedir la mente de Cristo), la coraza de justicia (para confrontar mi pecado), la espada del Espíritu (para reemplazar los malos pensamientos con la Palabra de Dios).

Ahora experiméntelo usted:

Una fortaleza que debo demoler en mi vida: ________________

____

Qué haré para demolerla: ________________

____

Arma(s) espiritual(es) que usaré: ________________

____

Los creyentes pueden resistir los apetitos de la carne gracias al poder del Espíritu Santo. La carne, con sus pasiones, debe crucificarse, tal como lo dice Gálatas 5:24. El Espíritu Santo capacita a los creyentes para superar las fortalezas espirituales de los apetitos carnales y poner a Cristo en su lugar.

Dios nos ha dado su Palabra para lidiar con las fortalezas espirituales del maligno.

Dios nos ha dado su Palabra para lidiar con estas fortalezas espirituales del maligno. La verdad es la realidad que Dios ha elegido revelarle. Usted puede discernir la verdad espiritual por dos razones:

- Ha nacido de nuevo en el Espíritu. Juan 3:6 dice: "Lo que es nacido de la carne, carne es; y lo que es nacido del Espíritu, espíritu es". Como ha nacido de nuevo, el Espíritu Santo lo capacita para discernir la verdad.
- Dios le ha dado su Palabra revelada.

¿Qué dice 2 Timoteo 3:16-17, los versículos para memorizar esta semana, en cuanto a la Palabra revelada de Dios y sus funciones en su vida?

____

Tal vez respondió: La Palabra de Dios me ha sido revelada para proporcionarme todo lo necesario en mi vida de creyente.

¿Cómo el Espíritu de Dios le imparte una verdad espiritual? Marque dos de las opciones siguientes:

Por medio de mi espíritu | **Por medio de la carne**
Por medio del cuerpo | **Por medio de la astrología**
Por medio de la Biblia | **Por medio de la revelación directa**

Dios le revela su verdad para que conozca su voluntad y sus caminos. La verdad se revela por medio de su espíritu y la Biblia.

¿Cómo sabe usted lo que Dios le está revelando por medio de su Palabra? Una forma es escuchar cuando se predica. Usted puede oír sermones excelentes, pero si no entiende lo que Dios le está diciendo, la siguiente guía lo ayudará. Si ha estudiado *Vida discipular 2* reconocerá este material.

CÓMO ESCUCHAR LA PALABRA DE DIOS

1. Evalúe qué clase de oyente es usted. Lea Mateo 13:3-23 y clasifíquese como uno de los siguientes oyentes.
   a. *Oyente apático*: Oye la Palabra, pero no está preparado para recibirla y entenderla. (Véase el v. 19.)
   b. *Oyente superficial*: Recibe la Palabra temporalmente, pero no la deja arraigarse en su corazón. (Véanse los vv. 20-21.)
   c. *Oyente ocupado*: Recibe la Palabra, pero deja que los afanes de este mundo y el deseo de riquezas la ahoguen. (Vea el v. 22.)
   d. *Oyente reproductor:* Recibe la Palabra, la entiende, lleva fruto y produce resultados. (Véase el v. 23.)
2. Esté atento al recibir la Palabra del Señor: (véase Santiago 1:19).
3. Despójese de todo pecado y orgullo para que la Palabra pueda plantarse en su corazón. (Véase Santiago 1:21.)
4. Preste atención a lo que dice la Biblia acerca de usted, de la misma manera en que le prestaría atención a su reflejo en un espejo. (Véase Santiago 1:23.)
   a. Tome nota en el formulario titulado "Escuchemos la Palabra". (Véase la p. 141.)
   b. Escriba los puntos del mensaje.
   c. Debajo de cada punto escriba la explicación, las ilustraciones y la aplicación.
   d. Escriba todo concepto específico que le revele el Espíritu.
   e. Resuma, tan pronto como sea posible, la idea principal que el predicador le exhorta a hacer, ser y sentir como resultado de dicho sermón. Pregúntese:
      - ¿Qué me dijo Dios por medio de este mensaje?
      - ¿Cómo evalúo mi vida con respecto a esta Palabra?
      - ¿Qué medidas tomaré para alinear mi vida con esta Palabra?
      - ¿Qué verdad necesito estudiar más profundamente?
5. Permanezca firme en la Palabra y será bendecido en lo que haga. (Véase Santiago 1:25.)

Esté atento para escuchar qué le dice Dios.

Oír la Palabra y aprenderla para aplicarla a su vida es la clave para demoler las fortalezas espirituales personales.

GUÍA DIARIA DE COMUNIÓN CON EL MAESTRO

SALMOS 119:49-56

Qué me dijo Dios:

____

____

____

____

____

____

____

____

____

Qué le dije yo a Dios:

____

____

____

____

____

____

____

____

____

Oír la Palabra y aprender a aplicarla en su vida es la clave para demoler las fortalezas espirituales personales. Sea un oyente dispuesto a escuchar la Palabra. Use el modelo de la página 141 "Escuchemos la Palabra" para tomar nota todas las veces que oye la Palabra.

Escriba lo que aprendió de la lección de Escuela Dominical, del sermón o de una audiograbación en el modelo "Escuchemos la Palabra".

EL PODER DEL CUERPO DE CRISTO

El cuerpo de Cristo es otra fuente de ayuda en la guerra espiritual. En el cuerpo de Cristo escucha predicar la Palabra y aprende a aplicarla, pero también debe rendir cuentas, respecto a la manera en que vive en Cristo, con otros creyentes que creen en la Biblia y que lo ayudarán a fortalecerse.

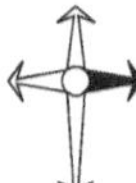

Asista a los cultos de la iglesia y marque las diferentes clases de ayuda que recibe del cuerpo para enfrentarse a la batalla espiritual.

- ❑ **Escucho la Palabra de Dios proclamada y enseñada**
- ❑ **Tengo comunión con otros creyentes**
- ❑ **Tengo un grupo al cual le debo rendir cuentas**
- ❑ **Sé que hay otros creyentes que luchan como yo**
- ❑ **Tengo un grupo de oración con tareas, decisiones o batallas**
- ❑ **Ministro y sirvo a otros**
- ❑ **Tengo hermanos en la fe que son ejemplos a los que puedo imitar**
- ❑ **Otros:** ______________________________

Hoy lea el Salmos 119:49-56 durante su devocional. Luego complete la guía diaria de comunión con el Maestro del margen.

DÍA 3

Enfrentemos las mentiras de Satanás

Cuando vivíamos en Jember, Java Oriental, como misioneros, observamos que excepto una, cada calle de esa ciudad de 75,000 habitantes, tenía intersecciones de tres calles. Los habitantes de Jember creían que en cada cosa había un espíritu y que los espíritus no podían doblar las esquinas. Si la ciudad no tuviese intersecciones de cuatro vías, entonces el espíritu se atascaría en aquel punto. En la única intersección de cuatro vías, el departamento de policía estaba en una esquina y la iglesia católica en la otra.

Un día, mi secretaria, una musulmana muy bien educada, me dijo que su madre tenía problemas en la espalda porque había movido una piedra pesada del pozo de agua. La secretaria me dijo que al espíritu de la piedra no le agradó que lo movieran, y se ubicó en su espalda para incomodarla. Los animistas creen que deben dar ofrendas para mantener a los espíritus alejados, sin que los molesten.

Las vidas de estas personas están gobernadas por las mentiras de Satanás. Nuestro trabajo como misioneros fue enseñarles la verdad y proclamar el poder de Dios por sobre todas las cosas. Usted no necesita irse a un país extranjero para enfrentarse a las mentiras de Satanás en cada área de la vida. Solo el poder del Espíritu Santo puede capacitarlo para discernir entre la verdad de Dios y las mentiras de Satanás.

CONOZCAMOS LA VERDAD ESPIRITUAL

Según Juan 8:31, ¿cuál es la mejor manera de conocer la verdad espiritual?

Si vosotros permaneciereis en mi palabra, seréis verdaderamente mis discípulos (Juan 8:31).

____

Según Juan 16:13, ¿quién es el Espíritu de verdad que lo guía a la verdad?

Pero cuando venga el espíritu de verdad, él os guiará a toda la verdad; porque no hablará por su propia cuenta, sino que hablará todo lo que oyere, y os hará saber las cosas que habrán de venir (Juan 16:13).

____

El Espíritu Santo lo guía a la verdad y lo ayuda a discernir las mentiras de Satanás. La mejor manera de conocer la verdad espiritual es mantenerse aferrado a las enseñanzas de Cristo. De acuerdo a las Escrituras, esta obediencia indica que usted es un discípulo de Cristo.

Lea 2 Timoteo 2:15 en el margen. Subraye las palabras que usó Pablo para describir la Palabra de Dios.

Procura con diligencia presentarte a Dios aprobado, como obrero que no tiene de qué avergonzarse, que usa bien la palabra de verdad (2 Timoteo 2:15).

Un libro Un curso de estudio La palabra de verdad

Defina la palabra *verdad* de acuerdo a lo que lo que ya ha leído. Contrástela con la mentira.

____

____

____

La Palabra de Dios es la Palabra de verdad. Los que llevan la verdad de Dios deben representar dicha verdad y a su autor sin disculpas. Su misión es ser un obrero que use correctamente la Palabra de verdad.

GUÍA DIARIA DE COMUNIÓN CON EL MAESTRO

SALMOS 119:57-64

Qué me dijo Dios:

Qué le dije yo a Dios:

Los versículos para memorizar esta semana están en 2 Timoteo 3:16-17 y destacan la manera cómo la Palabra de verdad puede prepararlo para que no se avergüence de la misma. Escriba estos versículos bíblicos de una a tres veces.

VÍSTASE CON LA ARMADURA ESPIRITUAL

El día 1 aprendió acerca de la coraza de justicia en la presentación de la armadura espiritual. Estudió tres puntos importantes para ponerse la coraza de la justicia, repáselos en la página 30.

Concéntrese en el segundo punto de la armadura de la justicia. Deténgase y confiese cualquier pecado que lo aleja de una comunión plena con Cristo.

Kerry Skinner, un ministro que trabajó en la Florida, nos cuenta que usó esta ilustración de la armadura espiritual para ayudar a una pareja que tenía su hijito muy enfermo con meningitis. La pareja temía por la vida del niño, y dudaba de la presencia de Dios en esa situación. Kerry explicó la armadura espiritual a los padres y los ayudó a orar, mediante la armadura, en esos momentos de crisis. Otra pareja que había perdido tres hijos escuchó la conversación acerca de la armadura espiritual. Después de la presentación se acercaron a Kerry para decirle cuánto los había ayudado lo que él acababa de contar. Oro para que usted siga encontrando cómo la armadura espiritual puede fortalecer su andar y el de los demás, dándole victoria sobre Satanás.

¿Qué mejor manera de prepararse a uno mismo que la oración? Lea la "Guía a la alabanza" y ore paso a paso.

GUÍA A LA ALABANZA

La alabanza y la acción de gracias son dos maneras de glorificar a Dios, pero cada una tiene una perspectiva diferente. Alabar es adorar a Dios por quien es Él, su persona, su carácter y sus atributos. La acción de gracias, que estudió la semana pasada, es la expresión de gratitud a Dios por lo que Él ha hecho, por sus actos. Tal vez, le sea más fácil darle gracias que alabarlo, sin embargo, la adoración por lo que Él es supera la acción de gracias por lo que hace. La acción de gracias lo lleva a la adoración. Dé gracias a Dios por todo y alábelo continuamente.

¿Por qué debe alabar a Dios?

1. El pueblo debe alabar a Dios (véase Salmos 22:3; Apocalipsis 19:5).
2. La alabanza es nuestra ofrenda (sacrificio) a Dios (véase 1 Pedro 2:5; Hebreos 13:15).
3. Dios nos salvó para su gloria (véase Isaías 43:21; Salmos 50:23).

4. Alabarlo es un mandamiento (véase 1 Crónicas 16:28-29; Salmos 147-150).
5. La alabanza nos prepara para lo que haremos en el cielo (véase Apocalipsis 5:9-14; 7:9-17).

¿De qué manera debe alabar a Dios?
1. Bendiga, glorifique y adore a Dios con sus palabras.
2. Use oraciones bíblicas para glorificar a Dios.
3. Use cánticos espirituales, himnos y melodías basados en las Escrituras (véase Efesios 5:18-19).
4. Use instrumentos para alabar a Dios.
5. Recuerde las gloriosas obras de Dios. Estas difieren de la acción de gracias porque hablan de hechos pasados como manifestaciones de la gloria de Dios.

¿Qué debe decir cuando alaba a Dios?
1. Lea en voz alta las siguientes oraciones de alabanza y adoración.
   a. Glorifique la persona, el carácter y los atributos de Dios. (véase Salmos 8:19; 24; 65; 92; 104; 109).
   b. Alabe la bondad de Dios (véase Salmos 9:30; 108; 138; Éxodo 15:1-19; 1 Samuel 2:1-10; 1 Crónicas 29:10-19; Lucas 1:46-55).
   c. Exhorte a los demás a honrar a Dios. (véase Lucas 19:37-38; Efesios 3:20-21; 1 Timoteo 1:17; Judas 25; Apocalipsis 5:9-14; 7:9-12; 15:3-4; 19:1-7).
2. Use palabras en su alabanza tales como: *adorar, bendecir, exaltar, engrandecer, glorificar y honrar.*

Exclamaciones de alabanza
- ¡Aleluya!
- ¡Hosanna!
- ¡Gloria a Dios!

¿Cuándo debe alabar al Señor?
¡Continuamente!

¿Dónde debe alabar al Señor?
¡En todas partes!

¿Quién debe alabar al Señor?
¡Todos!

¿Cuándo debe alabar al Señor? ¡Continuamente!

Hoy lea Salmos 119:57-64 en su devocional. Permítale a Dios que le hable por medio de este pasaje. Luego complete la guía diaria de comunión con el Maestro en el margen de la página 36.

DÍA 4

La fe se fundamenta en la verdad

Cuando usted discierne la verdad en la Palabra de Dios, tiene dónde depositar su fe. La palabra fe es generalmente mal interpretada y mal usada. Una vez un niño definió la *fe como creer algo aunque sabe que no es verdad.* Esta no es una fe bíblica. La fe no es una fidelidad ciega que se aferra a la esperanza de que algo sea realidad. La fe bíblica se fundamenta en la verdad y la Palabra de Dios es la verdad.

Así que la fe es por el oír, y el oír, por la palabra de Dios (Romanos 10:17).

Según Romanos 10:17, en el margen, ¿dé dónde proviene la fe?

____

Las personas no pueden oír el mensaje a menos que se proclame la Palabra de Cristo. La fe es la respuesta de dichas personas cuando Dios les revela su Palabra.

Es, pues, la fe la certeza de lo que se espera, la convicción de lo que no se ve (Hebreos 11:1).

LA CERTEZA DE LO QUE SE ESPERA

La palabra *certeza* en Hebreos 11:1 significa *seguridad.* Este versículo nos dice que la fe es *creer en las promesas de Dios* como si estas ya fueran una realidad.

¿Cuál de las siguientes definiciones es la más apropiada a la palabra fe?

- ❑ **Algo que Dios dice que es verdad pero que usted no lo puede percibir por medio de sus sentidos**
- ❑ **Algo que usted puede percibir por medio de sus sentidos**

La fe implica tener una confianza absoluta en aquello de lo cual no hay una evidencia física. Solo podemos conocer a Dios cuando tenemos fe en lo que Él dice, ya que Dios es invisible. La seguridad proviene de lo que Dios le revela acerca de su voluntad por medio de su Palabra. Frecuentemente, los creyentes tratan de fabricar una fe tratando de creer que algo sucederá. Esta "fe" no se basa en la revelación de la voluntad de Dios sino en los deseos de su corazón.

El milagro de sanidad que obró Jesús en el siervo del centurión es un ejemplo de fe verdadera (Mateo 8:5-13). Cuando el centurión le pidió a Jesús que sanara a su siervo, sabía que el Señor podía hacerlo. Para este hombre la promesa de sanidad de Jesús era una realidad que esperaba ser aceptada. El siervo se curó en ese mismo instante.

Entrando Jesús en Capernaúm, vino a él un centurión, rogándole, y diciendo: Señor, mi criado está postrado en casa, paralítico, gravemente atormentado. Y Jesús le dijo: Yo iré y le sanaré. Respondió el centurión y dijo: Señor, no soy digno de que entres bajo mi techo; solamente di la palabra, y mi criado sanará. Porque también yo soy hombre bajo autoridad, y tengo bajo mis órdenes soldados; y digo a éste: Ve, y va; y al otro: Ven, y viene; y a mi siervo: Haz esto, y lo hace. Al oírlo Jesús, se maravilló, y dijo a los que le seguían: De cierto os digo, que ni aún en Israel he hallado tanta fe. Y os digo que vendrán muchos del oriente y del occidente, y se sentarán con Abraham e Isaac y Jacob en el reino de los cielos; mas los hijos del reino serán echados a las tinieblas de afuera; allí será el lloro y el crujir de dientes. Entonces Jesús dijo al centurión: Ve, y como creíste, te sea hecho. Y su criado fue sanado en aquella misma hora (Mateo 8:5-13).

Según Mateo 8:5-13, ¿cuál fue la base de la fe de este hombre?

- ❑ **La palabra del Señor**
- ❑ **El deseo de su corazón**
- ❑ **La diferencia de su situación**

El proceder de este hombre se basó en la seguridad que Jesús le infundía. Cuando Jesús le ordenó que se retirara, asegurándole que su siervo se sanaría, la promesa se hizo realidad. El centurión tuvo tal fe que creyó que su siervo podría sanarse tan solo por la palabra que pronunciara Jesús, sin necesidad de que el Señor visitara su casa. Cuando aquel hombre escuchó y creyó lo que Jesús dijo tuvo la certeza de que ocurriría el milagro.

LA CONVICCIÓN DE LO QUE NO SE VE

La segunda parte del versículo de Hebreos 11:1 dice que fe es "la convicción de lo que no se ve". Se dice que una creencia es algo a lo que uno se agarra, una convicción o seguridad es algo que lo agarra a uno.

Escriba la definición de la palabra *fe* parafraseando Hebreos 11:1, como por ejemplo: "Fe es estar seguro de recibir lo que se espera; y estar convencidos de lo que no vemos".

A Dios le agrada nuestra fe porque demuestra que confiamos en sus promesas aun cuando parezcan ser imposibles. Tal vez escribió algo así: la fe es estar seguros de que algo que Dios prometió es una realidad.

Diga en voz alta los versículo para memorizar de esta semana: 2 Timoteo 3:16-17. Según estos versículos, ¿qué piensa usted de la manera en que la Palabra de Dios lo prepara para tener fe en las cosas que no ve?

En el estudio de esta semana acerca de la fe y las creencias en las cosas que no se ven, basadas en las promesas de Dios, tal vez haya pensado en algunos de los motivos de oración que tiene en su lista para el pacto de oración. ¿Le ha revelado Dios una promesa de las Escrituras a la que pueda aferrarse porque se aplique a dichas peticiones? A medida que estudie acerca de la fe, entenderá que la Palabra de Dios es la base para creer aquellas cosas que no puede ver.

Busque la página 143 con la lista para el pacto de oración y pídale a Dios que le revele una promesa en cada una de las peticiones que usted tiene. Cuando Él lo haga, escríbala en su lista.

GUÍA DIARIA DE COMUNIÓN CON EL MAESTRO

SALMOS 119:65-72

Qué me dijo Dios:

Qué le dije yo a Dios:

GUÍA DIARIA DE COMUNIÓN CON EL MAESTRO

SALMOS 119:73-80

Qué me dijo Dios:

____

____

____

____

____

____

____

____

____

Qué le dije yo a Dios:

____

____

____

____

____

____

____

____

____

CÓMO DEMOLER FORTALEZAS ESPIRITUALES PERSONALES

El día 2 identificó una fortaleza espiritual del maligno que quería demoler en el área de la lascivia. Hoy debe hacer un informe acerca de la manera en que está valiéndose de las armas espirituales de Dios para demoler dicha fortaleza.

Cómo estoy valiéndome de las armas espirituales para demoler las fortalezas espirituales producto de los apetitos carnales:

____

____

Continúe usando la Guía a la alabanza que estudió el día 3.

Hoy lea Salmos 119:65-72 durante su devocional. Permítale a Dios que le hable por medio de este pasaje. Luego, complete la guía diaria de comunión con el Maestro en la página 39.

DÍA 5

Creer sin ver

La fe es la convicción de que algo es real porque Dios lo dijo, aunque no lo pueda ver. La fe es posible aunque sus sentidos físicos no puedan probar la realidad de un hecho.

Usted no tiene que hacer algo para creer que existe. Tal vez no entienda la electricidad, sin embargo, enciende la luz cada vez que entra a una habitación a oscuras. Usted puede creer sin ver porque existe la evidencia de ello. Nunca ha visto al Espíritu Santo, pero puede presenciarlo obrando en su vida y en la de los demás. No ha visto a Jesús, pero sabe que está presente en usted. Jesús le dijo a Tomás: "Porque me has visto, Tomás, creíste; bienaventurados los que no vieron, y creyeron" (Juan 20:29). Usted puede creer porque el Espíritu Santo le revela la verdad por medio de la Palabra de Dios.

Los versículos bíblicos para memorizar de esta semana en 2 Timoteo 3:16-17 prometen que la Palabra de Dios lo puede preparar completamente, incluyendo los pasos de fe que dará. Escriba estos versículos dos veces en el margen. Repase 1 Juan 4:4, el versículo que memorizó la primera semana.

Escriba en sus propias palabras Hebreos 11:1: Fe es la "convicción de lo que no se ve".

LA FE EN ACCIÓN

Hebreos 11:2 afirma que muchas personas en el Antiguo Testamento se destacaron por su fe. El resto del pasaje relata cómo sus vidas demostraron la fe. Esta lista no los menciona solo por lo que pensaban. Se mencionan y aprecian por su fe en *acción*.

La fe no es una mera creencia intelectual o una respuesta emocional. Usted demuestra tener fe cuando obra de acuerdo a la voluntad de Dios revelada en su Palabra. Su palabra dice que debe poner en práctica su fe.

Lea los versículos que están en el margen. Luego trace una línea entre las citas y las declaraciones que siguen:

____ 1. Mateo 21:22 a. Orar con fe.
____ 2. Hebreos 11:3 b. Entender por fe.
____ 3. Efesios 2:8-9 c. Vivir por fe.
____ 4. 2 Corintios 5:7 d. Ser salvos por fe.

Las respuestas correctas son: 1.a, 2.b, 3.d, 4.c. La fe en acción usa la Palabra de Dios para conocer y hacer la voluntad de Dios. Para usar la Palabra de Dios con efectividad, familiarícese con ella. Al estar familiarizado con la Palabra y guardarla en su corazón podrá conocer la verdad y confrontar las mentiras de Satanás. ¿Cuál es su compromiso para estudiar la Biblia diaria y personalmente?

Describa cómo le va con el estudio bíblico diario. ¿Cuántas veces leyó su Biblia desde que comenzó este estudio en los últimos once días? _____

Si aún no ha leído su Biblia, escriba al margen lo que hará mejorar su constancia.

Después de aprender cómo valerse de la Palabra de Dios para discernir su voluntad, andará por fe. La fe es actuar según la voluntad revelada de Dios.

Describa algo que Dios le haya revelado a través de su Palabra y por lo cual usted esté actuando por fe. Escríbalo al margen.

Describa al margen la relación entre la verdad y la fe.

La Palabra de Dios es verdad, la verdad revelada por Dios y no las mentiras reveladas por Satanás. El diablo se deleitaría en hacerle creer que si no puede ver algo, no puede creerlo. Por fe usted cree en la Palabra de Dios y actúa en la realidad de acuerdo a ella, aunque lo que cree no se pueda ver físicamente. La fe le otorga la victoria.

VÍSTASE CON LA ARMADURA ESPIRITUAL

Vuelva a concentrarse en la importancia de usar la coraza de la justicia. Repase los tres puntos de la página 30.

Y todo lo que pidiereis en oración, creyendo, lo recibiréis (Mateo 21:22).

Por la fe entendemos haber sido constituido el universo por la palabra de Dios, de modo que lo que se ve fue hecho de lo que no se veía (Hebreos 11:3).

Porque por gracia sois salvos por medio de la fe; y esto no de vosotros, pues es don de Dios; no por obras, para que nadie se gloríe (Efesios 2:8-9).

Porque por fe andamos, no por vista (2 Corintios 5:7).

Al que no conoció pecado, por nosotros lo hizo pecado, para que nosotros fuésemos hechos justicia de Dios en él (2 Corintios 5:21).

Preste atención al tercer punto de la coraza de justicia. Lea 2 Corintios 5:21 en el margen. Deténgase y pídale a Dios que cubra sus pecados con la justicia de Cristo y que le otorgue el derecho de estar a su lado. Pídale a Cristo que lo perdone y lo ayude a vivir una vida justa. Al dar este paso usted demuestra que cree en lo que Dios dice aunque no lo pueda ver.

Presente la coraza de la justicia como parte de la armadura espiritual a su familia, a un amigo creyente o al grupo.

Continúe agregando nombres de personas que no sean salvas al "Gráfico de círculos de influencia" (pág. 135). También escriba dichos nombres en la lista para el pacto de oración de la página 143. Ore por ellos.

En los próximos días esté alerta a lo que la Escritura le revele con respecto a las peticiones que tiene en su pacto de oración. Si mientras ora, usted siente que Dios le está diciendo que crea en alguna de sus promesas, escríbala en el espacio que tiene. No haga de esto un hecho rutinario. El Espíritu Santo necesita darle la fe necesaria para creer en las promesas de Dios y aplicarlas a un problema.

Fortalecer su fe creyendo en las promesas de Dios puede ayudarlo a reemplazar las fortalezas espirituales de Satanás en su vida por las características personales semejantes a Cristo.

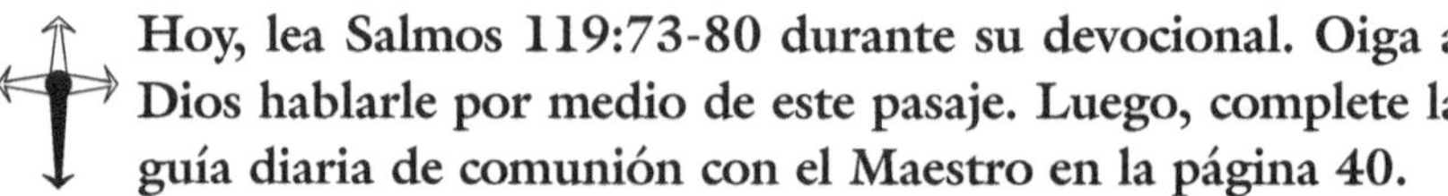

Hoy, lea Salmos 119:73-80 durante su devocional. Oiga a Dios hablarle por medio de este pasaje. Luego, complete la guía diaria de comunión con el Maestro en la página 40.

¿QUÉ EXPERIENCIA TUVO ESTA SEMANA?

Repase la sección "Mi andar con el Maestro en esta semana" al comienzo del material para esta semana. Marque las actividades que haya completado con una línea vertical en el diamante. Termine toda actividad incompleta. Piense en lo que dirá durante la sesión de grupo acerca de su trabajo en tales actividades.

Espero que este estudio sobre "la verdad y la fe" lo haya ayudado a reconocer cómo trata de engañarlo Satanás haciéndolo dudar de la Palabra de Dios y de las cosas que no puede ver o experimentar físicamente. Satanás nunca se siente más desdichado que cuando usted actúa por fe. Al hacerlo, usted declara que cree en las promesas de Dios en lugar de las mentiras de Satanás. Fortalecer su fe creyendo en las promesas de Dios puede ayudarlo a reemplazar las fortalezas espirituales de Satanás en su vida por las características personales semejantes a Cristo. La armadura espiritual le proporciona armas para ayudarlo a avanzar con firmeza e impulso cuando necesita andar por la fe y no por la vista.

SEMANA 3

Confiar en la Palabra de Dios

La meta de esta semana

Podrá depender y usar la espada del Espíritu en la guerra espiritual.

Mi andar con el Maestro en esta semana

Completará las actividades. Cuando las haya completado trace una línea vertical en el diamante.

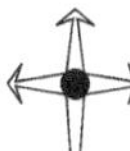

DEDICARLE TIEMPO AL MAESTRO

◇ Tenga un tiempo devocional cada día. Marque los días en que tenga su devocional: ❑ Domingo ❑ Lunes ❑ Martes ❑ Miércoles ❑ Jueves ❑ Viernes ❑ Sábado

VIVIR EN LA PALABRA

◇ Lea su Biblia diariamente. Escriba qué le dice Dios y qué le dice usted a Él.
◇ Lea "Cómo estudiar la Palabra de Dios".
◇ Memorice Salmos 1:2-3.
◇ Repase 1 Juan 4:4 y 2 Timoteo 3:16-17.
◇ Lea la presentación titulada "La palabra de Dios en la mano"

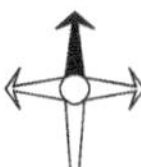

ORAR CON FE

◇ Seleccione una fortaleza espiritual ideológica y ore por la misma.
◇ Durante su período de oración, use la "Guía a la confesión y el perdón".

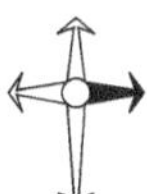

TENER COMUNIÓN CON LOS CREYENTES

◇ Explíquele a alguien la parte de "la espada del Espíritu".

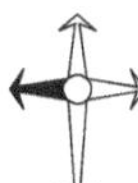

TESTIFICAR AL MUNDO

◇ En el "Gráfico de círculos de influencia" escriba los nombres de personas inconversas.
◇ Cultive su amistad con personas inconversas.

MINISTRAR A OTROS

◇ Aprenda la parte de "la espada del Espíritu" de la armadura espiritual.

Versículos para memorizar esta semana

Sino que en la ley de Jehová está su delicia,
y en su ley medita de día y de noche.
Será como árbol plantado junto a corrientes de aguas,
que da su fruto en su tiempo
y su hoja no cae;
y todo lo que hace, prosperará (Salmos 1:2-3).

DÍA 1

La fidedigna Palabra de Dios

Dios me guía mejor cuando leo un libro completo de la Biblia, capítulo por capítulo.

He aprendido que Dios me guía mejor cuando leo un libro completo de la Biblia, capítulo por capítulo. Por lo general, mantengo una lista de necesidades y problemas por los que tengo que orar cuando voy a tener mi devocional. En una ocasión, uno de los asuntos de mi lista era la necesidad de encontrar una persona que ocupara el cargo de líder en la Junta de Misiones Internacionales. Había estado orando por ese motivo durante meses cuando fui a Brasil a hablar en una conferencia de misioneros. Viajando conmigo iban Ron Wilson, el director de área para Brasil y el Caribe, y también John White, el tesorero de tres organizaciones misioneras representadas en la conferencia.

Durante el viaje leí el capítulo siguiente que me correspondía en mi Biblia, Lucas 19, en el que Jesús cuenta la parábola del hombre noble que le repartió a sus siervos diferentes sumas de dinero para que la administraran. El hombre quería ver cual de sus siervos podía asumir la mayor responsabilidad. Eso es lo que yo hacía al buscar el líder que remplazara al que se retiraba. Sabía que necesitaba hallar un líder que pudiese hacer planes a largo plazo y también continuar la obra basándose en los logros alcanzados en el pasado.

Sin saber siquiera en lo que estaba pensando, Ron Wilson me comentó que le era difícil mantener a John White ocupado porque era tan trabajador que continuamente le planteaba nuevos desafíos. Ron creía que, en el futuro, John llegaría a tener un trabajo de mayor responsabilidad. Me di cuenta que la lectura de Lucas 19 tenía relación con mi necesidad de conseguir la persona debida y que debía averiguar más acerca de John White. John había trabajado en la administración de una importante cadena de restaurantes, donde tenía el mismo tipo de responsabilidades que tendría en este otro puesto. También había estudiado leyes y administración de empresas. John cumplía con los requisitos del trabajo en la Junta de Misiones Internacionales. Además de eso, John había sido misionero durante diez años y pastor en Río de Janeiro y Belo Horizonte, Brasil.

Por medio de la Escritura apropiada y en el momento apropiado, Dios me guió a elegir la persona adecuada para desempeñar una tarea de importancia.

Ron Wilson me dijo que John había sido el tesorero de una misión y luego le dieron la responsabilidad de tres misiones. Con sus dones financieros y administrativos y su experiencia de misionero, John era la persona cualificada para ayudarme a dirigir el trabajo misionero alrededor del mundo. Por medio de la Escritura apropiada en el momento apropiado, Dios me guió a elegir la persona adecuada para desempeñar una tarea. Desde que John asumió esta tarea, Dios nos ha confirmado que es la persona que Él quería para este trabajo.

Describa alguna ocasión cuando Dios lo guió mediante su Palabra a tomar una decisión importante.

____

En el estudio de esta semana veremos varias maneras en que la Palabra de Dios nos imparte la verdad para vencer al enemigo y tener victoria en Cristo. Al finalizar este estudio usted podrá:

- determinar cómo la Palabra de Dios lo prepara para servirle mejor;
- estudiar la Palabra de Dios correctamente.

CRITERIO PARA DETERMINAR LA VERDAD

Según 2 Timoteo 3:16-17, los versículos para memorizar la semana pasada, ¿en qué debe basarse su criterio para determinar la verdad?

____

Por qué dichos versículos dicen que puede apoyarse en la Escritura tanto para corregir, como para enseñar y redargüir?

____

El ministerio que realizan los creyentes necesita basarse en la Biblia. La Escritura es inspirada por Dios y por lo tanto tiene autoridad para corregir y enseñar. Es la regla para determinar la verdad.

Describa algún momento en que dejó que otras fuentes que no eran la Palabra de Dios guiaran su vida.

____

____

Porque:
Toda carne es como hierba,
Y toda la gloria del hombre
como flor de la hierba.
La hierba se seca, y la flor
se cae;
Más la palabra del Señor
permanece para siempre
(1 Pedro 1:24-25).

Las reglas se basan únicamente en la verdad cuando están de acuerdo a la Palabra de Dios. La Palabra inspirada es la única regla que perdura a través del tiempo. Nuestras opiniones y las prioridades culturales cambian, pero la Palabra de Dios permanece para siempre. Lea 1 Pedro 1:24-25 en el margen.

Subraye en 2 Timoteo 3:16-17, al margen, las cuatro áreas por las cuales usar las Escrituras. Dibuje una estrella junto al área en la que usted tenga menos experiencia.

Toda la Escritura es inspirada por Dios, y útil para enseñar, para redargüir, para corregir, para instruir en justicia, a fin de que el hombre de Dios sea perfecto, enteramente preparado para toda buena obra (2 Timoteo 3:16-17).

La Escritura es útil para enseñar, redargüir, corregir e instruir en justicia. Tal vez usted crea que los temas relacionados con asuntos doctrinales son los que más necesita aprender. La Escritura tal vez lo haya convencido de un mal hábito. Usted necesitará que las Escrituras lo ayuden a examinar la manera correcta de vivir y su responsabilidad por su conducta pecaminosa. Tal vez ya experimentó que la Escritura le cambió su dirección por la senda correcta. Quizás experimentó la enseñanza bíblica para vivir correctamente. La Palabra de Dios es la

GUÍA DIARIA DE COMUNIÓN CON EL MAESTRO

SALMOS 119:81-88

Qué me dijo Dios:

____

____

____

____

____

____

____

____

Qué le dije yo a Dios:

____

____

____

____

____

____

____

____

____

____

autoridad en todas las áreas del ministerio porque Dios es la fuente. Esta semana estudiará a fondo las cuatro maneras en que las Escrituras pueden usarse.

Comience a estudiar el versículo bíblico para memorizar esta semana, Salmos 1:2-3, que destaca la importancia de la Palabra de Dios. Vuelva a la página 43 y léalo en voz alta.

Aprender a estudiar la Biblia le facilitará conocer lo que Dios quiere darle por medio de su Palabra. Examine las pautas siguientes para estudiar la Palabra.

CÓMO ESTUDIAR LA PALABRA DE DIOS

Hay muchos métodos para estudiar la Biblia:

- Estudiar un tema de la Biblia
- Estudiar un libro de la Biblia
- Estudiar un pasaje de la Biblia
- Estudiar una palabra de la Biblia

La Biblia "Mi Experiencia con Dios" puede brindarle más detalles sobre métodos de estudio bíblico.

La Biblia se refiere más a Dios que a la gente. Sin embargo, está llena de historias de personas. Aunque se relacionen con Dios correcta o incorrectamente, Él los incluye para enseñarnos mediante ejemplos de la vida real. Los personajes bíblicos demuestran los principios de Dios desde una perspectiva humana. El estudio de un personaje bíblico nos anima a aplicar los principios de Dios a nuestras vidas.

Escoja un personaje bíblico y descubra qué le enseña Dios por medio de esta persona.

1. Reúna la información básica sobre este personaje:
   - Genealogía: ¿quiénes influyeron a esa persona durante sus años de formación?
   - Geografía: ¿dónde nació?
   - Hechos importantes en la vida de la persona
   - Cómo reaccionó ante dichas situaciones
   - Otros personajes contemporáneos a esta persona
   - Declaraciones que hizo y comentarios que hicieron los demás con respecto a él
   - Impacto que esta persona tuvo en los demás
   - Las áreas débiles y fuertes de dicho personaje
   - Evidencias que demuestran la devoción por el Señor
2. Establezca un estudio cronológico de la vida de ese personaje y documéntelo con la Escritura.
3. Escriba principios bíblicos que aprendió de ese personaje. Lea de una sola vez todo lo que dice la Biblia respecto a este personaje y saque enseñanzas de esa vida.

4. Aplique estas enseñanzas a su vida. ¿Qué puntos débiles y fuertes tiene usted en común con esa persona? ¿Puede identificarse con las tentaciones y victorias de esa persona? Pídale a Dios que lo ayude a asimilar las verdades que ha aprendido de este personaje bíblico que puedan guiarlo a ser un mejor discípulo.

Hoy lea Salmos 119:81-88 durante su devocional. Permita que Dios le hable por medio de este pasaje. Luego complete la guía diaria de comunión con el Maestro en la página 46.

DÍA 2

El fundamento de toda enseñanza

Ayer aprendió que la Palabra de Dios puede aplicarse de cuatro maneras diferentes. Hoy aprenderá la primera de ellas:

1. enseñar 3. corregir
2. redargüir 4. instruir en justicia

LA PALABRA DE DIOS ENSEÑA

Algunas veces las falsas doctrinas entran solapadamente en nuestra vida. Tal vez alguien diga que realmente Jesús no se hizo humano. Otra puede decir que realmente Jesús no murió en la cruz, sino que solo se desmayó. Satanás puede usar su falta de conocimiento y falsas creencias para atacarlo a usted. En contraste con las mentiras y falsas enseñanzas, podemos descansar en la Palabra de Dios porque es absolutamente verdadera y fidedigna.

La enseñanza es preventiva. La instrucción y guía bíblica tiene el propósito de prevenir un problema o ayudar a la persona a corregirlo. Si usted está aferrado a la verdad, tiene la Palabra de Dios como punto de referencia para lograr la victoria cuando Satanás lo tienta a descarriarse.

Trayendo a la memoria la fe no fingida que hay en ti, la cual habitó primero en tu abuela Loida, y en tu madre Eunice, y estoy seguro de que en ti también (2 Timoteo 1:5).

Y desde la niñez has sabido las Sagradas Escrituras, las cuales te pueden hacer sabio para la salvación por la fe que es en Cristo Jesús. Toda Escritura es inspirada por Dios, y útil para enseñar, para redargüir, para corregir, para instruir en justicia, a fin de que el hombre de Dios sea perfecto, enteramente preparado para toda buena obra (2 Timoteo 3:15-17).

Describa una ocasión cuando la instrucción correcta de la Palabra le evitó tomar una decisión equivocada.

____

____

La enseñanza fue la primera forma de comunicación que Jesús usó con sus discípulos.

Lea 2 Timoteo 1:5 y 2 Timoteo 3:15-17 en el margen. ¿Cómo le enseñaron a Timoteo la Palabra de Dios?

____

La madre y la abuela de Timoteo le enseñaron la Palabra. ¿Quiénes han sido los maestros que influyeron en su vida? Nómbrelos.

____

____

¿Cuál fue el resultado de la enseñanza que recibió Timoteo de las Escrituras?

____

Lo guiaron a la salvación, y ahora, Pablo dijo que lo prepararía para toda buena obra. La Biblia es la máxima fuente de recursos de toda enseñanza. La lectura y aplicación de dichas enseñanzas preparan a las personas para la salvación porque llaman a creer en Jesús.

Los versículos bíblicos para memorizar esta semana en Salmos 1:2-3 lo instan a deleitarse en la Palabra de Dios, no tan solo a leerla. Lea de nuevo estos versículos en voz alta y vea cuánto sabe ya de memoria.

Espero que esté desarrollando tal hambre y sed por la Palabra que sinceramente sienta que no ha terminado su día antes de pasar un tiempo leyendo la Biblia.

CÓMO DEMOLER LAS FORTALEZAS ESPIRITUALES PERSONALES

En las últimas dos semanas se ha concentrado en las fortalezas espirituales del maligno en su vida. Hoy veremos otra fortaleza que se menciona en el Sermón del Monte y consideraremos cómo el Espíritu Santo lo ayudará a edificar un carácter semejante a Cristo mientras se deshace de esas fortalezas espirituales enemigas.

Los versículos en el margen, tratan sobre el poder destructivo de la lengua. Las personas pueden usar su lengua para honrar a Dios o para decir palabras hirientes o venenosas. Satanás puede usar la lengua para destruirlo a usted y a los demás. Algunos posibles usos de la lengua en forma inapropiada podrían ser: la exageración, los juramentos, la mentira, las palabras exageradas que remarcan sus puntos de vista, la crítica dañina y las palabras obscenas. Describa qué formas del lenguaje o del uso inapropiado de la lengua debe destruir en su vida y qué armas espirituales de Dios usará para

Además habéis oído que fue dicho a los antiguos: No perjurarás, sino cumplirás al Señor tus juramentos. Pero yo os digo: No juréis en ninguna manera: ni por el cielo, porque es el trono de Dios; ni por la tierra, porque es el estrado de sus pies; ni por Jerusalén, porque es la ciudad del gran rey. Ni por tu cabeza jurarás, porque no puedes hacer blanco o negro un solo cabello. Pero sea vuestro hablar: Sí, sí; no, no; porque lo que es más de esto, de mal procede (Mateo 5:33-37).

Y la lengua es un fuego, un mundo de maldad. La lengua está puesta entre nuestros miembros, y contamina todo el cuerpo, e inflama la rueda de la creación, y ella misma es inflamada por el infierno (Santiago 3:6).

Hay hombre cuyas palabras son como golpes de espada; más la lengua de los sabios es medicina (Proverbios 12:18).

Pero lo que sale de la boca, del corazón sale; y esto contamina al hombre (Mateo 15:18).

hacerlo. Más adelante en esta semana tomará nota de su progreso. He aquí un ejemplo:

Fortaleza espiritual que hay que demoler: Tomar el nombre de Dios en vano para destacar el impacto de lo que estoy diciendo.

Qué debo hacer para demoler dicha conducta: Aprender a comunicarme mejor para revelar mis verdaderos sentimientos sin usar palabras que ofendan a Dios o a los demás.

Armas espirituales para usar: La espada del Espíritu: reemplazar mi deseo de decir más de lo que debo leyendo qué dicen las Escrituras acerca del uso del lenguaje inapropiado. La coraza de justicia: confesar mi pecado y comenzar a vivir en forma justa.

Ahora experiméntelo usted:

Fortaleza espiritual que hay que demoler: ____________________

____

Lo que debo hacer para demoler dicha conducta: ____________

____

Armas espirituales para usar: ______________________________

____

La lengua refleja el espíritu de la persona; revela lo que está en su corazón. Satanás se complace cuando usted no cuida su lengua, porque está demostrando que él, y no Cristo, la está controlando.

Vuelva a leer Santiago 3:6, Proverbios 12:18, y Mateo 15:18 en el margen de la página 48. Luego empareje las citas con las oraciones que describen lo que la lengua es capaz de hacer.

___ 1. Santiago 3:6	**a. Revela lo que está en el corazón**
___ 2. Proverbios 12:18	**b. Destruye lo que está en su vida**
___ 3. Mateo 15:18	**c. Brinda sanidad y restauración**

La lengua es capaz de edificar y de destruir. Puede restaurar y volver a encaminar la vida de una persona, o revelar la maldad de un corazón corrompido. Las respuestas correctas son: 1.b, 2.c, 3.a.

Hoy, lea Salmos 119:88-96 en su devocional. Luego complete la guía diaria de comunión con el Maestro en el margen.

GUÍA DIARIA DE COMUNIÓN CON EL MAESTRO

SALMOS 119:88-96

Qué me dijo Dios:

____
____
____
____
____
____
____
____

Qué le dije yo a Dios:

____
____
____
____
____
____
____
____
____
____

DÍA 3

Desviado del camino

¿Cómo usted sabe que está viviendo fuera de las normas de Dios? ¿Cómo sabe que se ha desviado de la vida correcta? La Palabra de Dios es la regla para medirse. La Palabra de Dios lo alcanza y hace que usted vuelva al camino si se ha apartado de él.

Hoy estudiará la segunda de cuatro maneras específicas como puede aplicarse la Palabra de Dios:

1. enseñar
2. **redargüir**
3. corregir
4. instruir en justicia

LA PALABRA DE DIOS REDARGUYE

Redargüir es reprender de forma tal que se sienta convicción, llegar a estar consciente de haber cometido una falta. Cuando ha leído las Escrituras en el pasado, ¿alguna vez le resaltó un versículo señalando que usted se descarrió? Por ejemplo, puede estar leyendo Mateo 5 y llegar al versículo que dice: "Amad a vuestros enemigos... y orad por los que os ultrajan y os persiguen" (Mateo 5:44). De pronto usted siente como si estuviese rodeado por luces intermitentes. Y usted se dice: *¡Él me está hablando! Nunca he amado ni orado por mis enemigos, al contrario, les he deseado el mal.* Cuando esto le suceda, no es mera coincidencia. El Señor le está señalando una de sus debilidades. Este es un llamado de atención de la Biblia que le está diciendo que vuelva a la voluntad y caminos de Dios.

Describa alguna ocasión cuando un versículo bíblico lo convenció de haberse desviado del camino.

____

____

El "redargüir" de las Escrituras le sirve de guía. Lo ayuda a entender que está viajando en una dirección completamente opuesta a la que debiera seguir... Satanás lo ha desviado. Por medio de un versículo de las Escrituras el Señor parece decirle: "Aquí está el camino correcto; da media vuelta y camina por la senda de la verdad".

La Biblia habla de redargüir en diferentes situaciones. Lea los versículos del margen para ver dichos ejemplos. Luego una la cita con la declaración que describe situaciones en las cuales se debe usar

Si alguno no obedece a lo que decimos por medio de esta carta, a ése señaladlo, y no os juntéis con él, para que se avergüence. Mas no lo tengáis por enemigo, sino amonestadle como a hermano (2 Tesalonicenses 3:14-15).

A los que persisten en pecar, repréndelos delante de todos, para que los demás también teman. Te encarezco delante de Dios y del señor Jesucristo, y de sus ángeles escogidos, que guardes estas cosas sin prejuicios, no haciendo nada con parcialidad (1 Timoteo 5:20-21).

Por tanto, si tu hermano peca contra ti, vé y repréndele estando tú y él solos; si te oyere, has ganado a tu hermano (Mateo 18:15).

Y envió mensajeros delante de él, los cuales fueron y entraron en una aldea de los samaritanos para hacerle preparativos. Más no le recibieron, porque su aspecto era como de ir a Jerusalén. Viendo esto sus discípulos Jacobo y Juan, dijeron: Señor ¿quieres que mandemos que descienda fuego del cielo, como hizo Elías, y los consuma? Entonces volviéndose él, los reprendió, diciendo: Vosotros no sabéis de qué espíritu sois (Lucas 9:52-55).

para redargüir.

___ 1. 2 Tesalonicenses 3:14-15	**a. Cuando la persona pecadora es un líder causa que otros se desvíen del camino**
___ 2. 1 Timoteo 5:20-21	**b. Cuando la persona no responde a la enseñanza de la sana doctrina**
___ 3. Mateo 18:15	**c. Cuando es necesario sacudir a una persona para que reconozca su falta de interés, madurez o comprensión espiritual**
___ 4. Lucas 9:52-55	**d. Cuando una persona no reconoce o no admite que vive en oposición a la verdad**
___ 5. Juan 14:9-10	**e. Cuando una persona tiene una actitud equivocada**

Jesús le dijo: ¿Tanto tiempo hace que estoy con vosotros, y no me has conocido, Felipe? El que me ha visto a mí, ha visto al Padre; ¿cómo, pues, dices tú: Muéstranos al Padre? ¿No crees que yo soy en el Padre, y el Padre en mí? Las palabras que yo os hablo, no las hablo por mi propia cuenta, sino que el Padre que mora en mí, él hace las obras (Juan 14:9-10).

La Palabra de Dios contiene todo lo que usted necesita para demostrarle cuándo Satanás lo hace pecar. Las declaraciones que leyó le indican cuándo las enseñanzas de las Escrituras se usaron para redargüir, reprender o reprobar. Las respuestas correctas son: 1.b, 2.a, 3.d, 4.e, 5.c. La Escritura se usa para reprender una conducta o creencia equivocada.

VÍSTASE CON LA ARMADURA ESPIRITUAL

El estudio de esta semana recalca la importancia de tomar la espada del Espíritu, que es la Palabra de Dios, como parte de la armadura espiritual. Pase a la página 129 y repase la presentación de la armadura espiritual, haciendo énfasis en la espada del Espíritu. Cuando finalice este estudio usted podrá explicar toda la presentación en sus propias palabras.

La espada del Espíritu le recordará hacer tres cosas:

1. Aferrarse a la Palabra. Úsela ya sea que el enemigo la reconozca como Palabra de Dios o no.
2. Dejar que el Espíritu Santo use la Palabra. Es la espada del Espíritu.
3. Orar de acuerdo a la Palabra. El Espíritu usará la Palabra para revelarle la voluntad de Dios y ayudarlo a saber por cuál motivo orar y cómo actuar.

Concéntrese en el primero de estos tres recordatorios. Prepárese para usar la Palabra de Dios cuando enfrente un ataque de Satanás. Cuando sienta que el enemigo lo ataca, busque la Palabra de Dios en su corazón, donde usted la atesora, para recordarle cómo responder. Lea Hebreos 4:12 en el margen.

Porque la palabra de Dios es viva y eficaz, y más cortante que toda espada de dos filos; y penetra hasta partir el alma y el espíritu, las coyunturas y los tuétanos, y discierne los pensamientos y las intenciones del corazón (Hebreos 4:12).

GUÍA DIARIA DE COMUNIÓN CON EL MAESTRO

SALMOS 119:97-104

Qué me dijo Dios:

Qué le dije yo a Dios:

LA PALABRA DE DIOS EN SU CORAZÓN Y EN SU MANO

La mano en la cual usted sostiene la Palabra puede usarse para demostrar diferentes niveles de conocimientos y estudios de la Biblia y para ilustrar la importancia de permanecer en las verdades de la Palabra de Dios. Para que Cristo sea el centro de su vida usted necesita tener la Palabra de Dios en su corazón. Al tener presente la armadura espiritual mientras ora, imagine que sostiene la Palabra de Dios, es decir la espada del Espíritu, para pelear batallas espirituales.

Lea la presentación titulada "La Palabra de Dios en la mano" en las páginas 132-134.

Continúe memorizando la Palabra, atesorándola en el corazón. En el margen de la página 51 escriba de memoria el versículo de Salmos 1:2-3. Luego diga en voz alta los versículos bíblicos para memorizar de las semanas 1 y 2.

Hoy lea Salmos 119:97-104 durante su devocional. Permita que Dios le hable por medio de este pasaje. Luego complete la guía diaria de comunión con el Maestro que aparece en el margen.

DÍA 4

Enderece su dirección

Tal como aprendió el día 3 acerca de *redargüir*, la Palabra de Dios sirve para recordarle cuándo el timón de su barco lo está llevando en una dirección equivocada, cuándo Dios quiere que usted tenga otras aspiraciones, pero obstinadamente su conducta persigue otros fines. Las Escrituras también son útiles para encaminar a aquellos que aunque no van en dirección opuesta se han desviado del camino. Cuanto más tiempo llevan desviándose del curso de su camino, más se apartan de la dirección correcta. Necesitan un pequeño cambio en la dirección para volver a su curso antes de que se alejen tanto que sea necesario redargüirlos.

Isaías 30:21 dice: "Entonces tus oídos oirán a tus espaldas palabras que digan: Este es el camino, andad por él; y no echéis a la mano derecha, ni tampoco torzáis a la mano izquierda". En 2 Timoteo 3:16-17 aprendió cuatro formas específicas en que la Palabra de Dios lo mantiene en el camino. Aquí aparece la tercera manera, en negritas:

1. enseñar
2. redargüir
3. **corregir**
4. instruir en justicia

LA PALABRA DE DIOS CORRIGE

La Palabra de Dios beneficia a la persona o a la iglesia que necesita corrección. Corrige sus pecados y sus fracasos. La palabra *corregir* viene del griego y quiere decir *restaurar*. La corrección es la palabra de Dios que lo lleva de nuevo al camino correcto.

¿Cuándo debe enderezar su dirección? Tal vez al leer Mateo 6:19-34 sienta que en este pasaje Dios le da una palabra de corrección, haciéndolo saber que se ha pasado la vida acumulando riquezas terrenales en lugar de celestiales. Si este es su caso, puede cambiar la dirección de su vida mediante un encuentro con la Palabra de Dios.

Lea las Escrituras del margen en donde se relatan diferentes situaciones en que la Palabra de Dios se usó para corregir. Luego una las citas con las razones para aplicar dicha corrección.

____1. Mateo 19:13-14	**a. Para hacerle saber a una persona que está actuando equivocadamente o en contra de su bienestar**
____2. Lucas 9:49-50	**b. Para encaminar a alguien en la senda correcta**
____3. 2 Timoteo 2:24-25	**c. Cuando alguien no comprende**

El amor es la motivación de Dios para impartirle su corrección. Cuando usted tiene a Cristo en el centro de su vida, es necesario establecer una dirección apropiada. Ser un discípulo obediente de Cristo sería imposible si usted se desvía del camino. Las respuestas del ejercicio anterior son: 1.b, 2.a, 3.c.

Entonces le fueron presentados unos niños, para que pusiese las manos sobre ellos, y orase; y los discípulos les reprendieron. Pero Jesús dijo: Dejad a los niños venir a mí, y no se lo impidáis; porque de los tales es el reino de los cielos (Mateo 19:13-14).

Entonces respondiendo Juan, dijo: Maestro, hemos visto a uno que echaba fuera demonios en tu nombre; y se lo prohibimos, porque no sigue con nosotros. Jesús le dijo: No se lo prohibáis; porque el que no es contra nosotros, por nosotros es (Lucas 9:49-50).

Porque el siervo del Señor no debe ser contencioso, sino amable para con todos, apto para enseñar, sufrido; que con mansedumbre corrija los que se oponen, por si quizá Dios les conceda que se arrepientan para conocer la verdad (2 Timoteo 2:24-25).

VÍSTASE CON LA ARMADURA ESPIRITUAL

El día 3 repasó la importancia de la espada del Espíritu en la presentación de la armadura espiritual. Aprendió tres pautas para tomar la espada del Espíritu. Repáselas en la página 51.

Concéntrese en el punto 2 de la espada del Espíritu. Deténgase y pídale al Espíritu Santo que le recuerde la Palabra a medida que lleva a cabo las actividades de este día y que le indique cómo debe vivir, aunque la Palabra sea para corregirlo.

Diga en voz alta el versículo bíblico en Salmos 1:2-3 para memorizar. ¿Qué sucede cuando una persona se deleita en la Palabra y permite que las enseñanzas bíblicas lo corrijan?

____

Cuando una persona se deleita en la Palabra, la corrección que emana de la misma no le incomoda. Dicha persona no sucumbirá a la tentación ni la prueba y prosperará.

¿Reconoce mejor su pecado luego de estudiar cómo la Palabra de Dios puede corregir? Dios nos ofrece su perdón y su comunión cuando le confesamos nuestras faltas. Cuando sienta que hay una barrera entre usted y Dios, use la siguiente guía para descubrir y confesar cualquier pecado que podría obstruir el camino.

Mientras ora hoy, siga las instrucciones que se encuentran en la "Guía a la confesión y el perdón".

GUÍA PARA CONFESAR Y PERDÓNAR

Dios quiere que usted camine en la luz y tenga comunión con Él y los demás creyentes en Cristo (vea 1 Juan 1:5-10).

Pídale al Espíritu Santo que lo convenza de sus pecados

Lea Juan 16:8-11.

1. No trate de hacerlo por usted mismo ni de culparse obsesivamente.
2. Pídale a Dios que le examine el corazón, la mente y su proceder (lea Salmos 139:23-24).
3. Permita que el Espíritu Santo use la Palabra para demostrarle cómo ve Dios su corazón, su mente y su proceder (lea Romanos 8:26-27; Hebreos 4:12-13).
   a. Lea la Biblia diariamente.
   b. Lea los pasajes especiales según los necesite.

Deje que el Espíritu Santo use la Palabra para demostrarle cómo Dios ve su corazón, su mente y su proceder.

Reconozca ante Dios la seriedad de sus pecados

1. Para confesar su pecado, póngase de acuerdo con Dios. La palabra *confesar* significa *acordar* o *admitir*. No trate de buscarle excusas a su conducta sino acepte lo que Dios le dice con respecto a su pecado (vea 1 Juan 1:8-10).
2. Para confesar su pecado, camine en la luz de la santidad de Dios (vea 1 Juan 1:7). No se compare con ninguna otra persona ni trate de ampararse con la luz de dicha persona.
3. Para confesar su pecado, sea honesto con Dios (vea 1 Juan 1:8-10). No se esconda de Dios ni de usted mismo.

Reconozca a Cristo como el máximo sacrificio por sus pecados

Véase 1 Juan 2:1-2

1. Exprese su dolor y arrepentimiento a Dios (vea Salmos 51).
2. Pídale perdón a Dios apoyándose en la sangre derramada de Cristo que nos limpia de todo pecado (vea 1 Juan 1:7; 2:2). No base su perdón en las buenas intenciones u obras que ha hecho o que promete hacer (vea Tito 3:5).
3. Presente sus pecados a Cristo, su abogado defensor (vea Hebreos 4:14,16; 7:25; 9:24-26; 10:19,22; 1 Juan 2:2). Olvídese de esos pecados, Dios se los ha perdonado y ahora pertenecen al pasado.

Pídale perdón a Dios apoyándose en la sangre de Cristo.

Camine en la luz con otros creyentes
Vea 1 Juan 1:7

1. Sea sincero con los demás creyentes acerca de su pecado. Caminar en la luz significa ser franco y sincero (vea 1 Juan 1:7).
2. Confiese sus pecados para que también otros creyentes vean la necesidad de hacerlo (vea Santiago 5:16).
   a. Confiese sus pecados orando con otros creyentes.
   b. Confiese sus pecados solo con quienes lo ayudarán a sobrellevar su carga con espíritu de humildad (vea Gálatas 6:1). Deben ser personas discretas y reservadas que lo ayuden a vencer la tentación.
   c. Solo dígales lo que es necesario. Algunas veces solo deberá confesar que ha pecado y Dios lo ha perdonado. Otras veces confesará el pecado, pero no los detalles. (Si la confesión está relacionada con impureza sexual, no entre en detalles. Si necesita hablar con alguien, hágalo con su pastor o algún consejero capacitado.) Si su pecado es conocido o afecta a la iglesia, pida a los demás que también lo perdonen como Dios lo ha hecho.
   d. Confiese solo su pecado, no el de otra persona. No culpe a nadie por su pecado. Acepte la parte de la responsabilidad que le corresponde y no implique a otros.
3. Renuncie al pecado y repare el daño, si le es posible (vea Lucas 19:8). La restitución no se considera ser una penitencia y en ninguna forma es un pago por su pecado. No tiene el propósito de aliviar sentimientos de culpabilidad, porque Cristo ya lo ha perdonado. Pero la restitución permite reparar cualquier daño causado a otra persona y además permite testificarle.

La restitución permite reparar cualquier daño causado a otra persona y además permite testificarle.

Camine en la luz con Cristo
Véase 1 Juan 1:7

1. Cuando peque nuevamente, confiéselo inmediatamente a Dios y pídale que lo perdone.
2. No deje de luchar contra el pecado, aunque vuelva a caer en él. Satanás tratará de convencerlo de que Dios no lo perdonará nuevamente por lo mismo. Por supuesto, para recibir el perdón es necesario que el arrepentimiento sea genuino y que usted dé la espalda al pecado. Sin embargo, es posible que vuelva a pecar a pesar de tener buenas intenciones. Si se arrepiente con toda sinceridad, Dios lo perdonará de nuevo. Él hará por usted tanto como Jesús le pidió a Pedro que hiciera: "Y si siete veces al día pecare contra ti, y siete veces al día volviere a ti, diciendo: Me arrepiento; perdónale" (Lucas 17:4).
   a. Tenga mucho cuidado, no peque sabiendo que puede pedir perdón. Con Dios no se juega. Si peca deliberadamente, está tomando a la ligera el sacrificio de Cristo por usted.

La confesión y el arrepentimiento son los mandatos de Dios que nos libran de la pena, la presencia y el poder del pecado.

GUÍA DIARIA DE COMUNIÓN CON EL MAESTRO

SALMOS 119:105-112

Qué me dijo Dios:

____

____

____

____

____

____

____

____

Qué le dije yo a Dios:

____

____

____

____

____

____

____

____

____

____

b. Si continúa cometiendo el mismo pecado, hable con su pastor o un consejero cristiano.

3. El pecado en la vida de un creyente no cambia su relación de hijo de Dios, pero crea una barrera en la comunión con Él.

El perdón es un regalo de Dios. La confesión y el arrepentimiento son los mandatos de Dios que nos libran de la pena, la presencia y el poder del pecado. Por medio de Cristo usted puede caminar continuamente en la luz con nuestro santo Dios, aunque nunca llegue a la perfección en este mundo.

Si a medida que lee "Guía a la confesión y el perdón", siente dudas con respecto a la primera vez en que le pidió perdón a Dios por sus pecados y experimentó la salvación, puede ahora recibir a Jesucristo invitándolo a entrar a su corazón. Romanos 10:13 dice: "Porque todo aquel que invocare el nombre del Señor, será salvo". Si este es su deseo, lea esta oración para expresar su compromiso:

Señor Jesús, te necesito. Soy pecador. Quiero que seas mi Salvador y mi Señor. Acepto tu muerte en la cruz como pago por mis pecados, y en este momento encomiendo mi vida a ti. Gracias por perdonarme y por darme una nueva vida. Te ruego que me ayudes a entender cada vez más tu amor y tu poder para que mi vida te brinde gloria y honor. Amén.

Firma: ______________________________ Fecha: __________

Espero que no se sienta incómodo si al comenzar este estudio creyó que tenía a Cristo, y ahora reconoce que en realidad nunca le había entregado por completo su corazón y vida. Con frecuencia, a medida que las personas estudian *Vida discipular* porque quieren consagrar su vida a Cristo, se dan cuenta de que les faltó dar este importante primer paso.

Hoy lea Salmos 119:105-112 en su devocional. Permita que Dios le hable por medio de este pasaje. Luego complete la guía diaria de comunión con el Maestro que aparece en el margen.

DÍA 5

Completamente preparados

Cuando estudió la coraza de la justicia, aprendió que debía ceñírsela firmemente en su lugar con un carácter recto y una vida justa. Pero, ¿cómo sabe lo que significa una vida justa? Al estudiar la armadura espiritual leyó en Salmos 66:18:

Si en mi corazón hubiese yo mirado a la iniquidad,
El Señor no me habría escuchado.

Quizás desea vivir justamente y dejar a un lado todo aquello que lo lleve a pecar. Pero, ¿sabe cómo evitar esos pensamientos? y ¿sabe cómo alejarse de lo que está mal?

La Palabra de Dios tiene muchas instrucciones para enseñarlo a vivir. La Biblia contiene todo lo que necesita para su guía. Como ya ha estudiado, las Escrituras pueden aplicarse de cuatro maneras diferentes en las que usted puede beneficiarse. Hoy estudiaremos el último punto de este estudio:

1. enseñar
2. redargüir
3. corregir
4. **instruir en justicia**

LA PALABRA DE DIOS NOS INSTRUYE EN JUSTICIA

Enseñar la justicia es más que criar a un niño o aprender a disciplinar. La Biblia enseña el carácter moral, es decir, cómo vivir correctamente.

En Gálatas 5:19-26, al margen, subraye con una línea lo que quiera dejar de lado. Y con dos líneas subraye las conductas del Espíritu que debe agregar a su vida.

Y manifiestas son las obras de la carne, que son: adulterio, fornicación, inmundicia, lascivia, idolatría, hechicerías, enemistades, pleitos, celos, iras, contiendas, disensiones, herejías, envidias, homicidios, borracheras, orgías, y cosas semejantes a estas; acerca de las cuales os amonesto, como ya os lo he dicho antes, que los que practican tales cosas no heredarán el cielo de Dios. Mas el fruto del Espíritu es amor, gozo, paz, paciencia, benignidad, bondad, fe, mansedumbre, templanza; contra tales cosas no hay ley. Pero los que son de Cristo han crucificado la carne con sus pasiones y deseos. Si vivimos por el Espíritu, andemos también por el Espíritu. No nos hagamos vanagloriosos, irritándonos unos a otros, envidiándonos unos a otros (Gálatas 5:19-26).

Como creyente, no está abandonado para adivinar cuál es el camino correcto. Una y otra vez, la Biblia nos instruye sobre la forma práctica de vivir día por día.

Describa una ocasión en que halló en la Biblia instrucciones útiles sobre cómo actuar en una situación determinada.

____

____

Usted está aprendiendo este uso de la Biblia a medida que destruye la fortaleza espiritual del enemigo.

CÓMO DEMOLER FORTALEZAS ESPIRITUALES PERSONALES

El día 2 identificó la fortaleza espiritual de la cual quiere deshacerse en cuanto al uso de la lengua. Hoy debe hacer un informe sobre el progreso de las armas espirituales que usó para destruir dicha conducta.

Cómo usé las armas espirituales que me ayudaron a destruir el hábito de usar la lengua inadecuadamente:

____

Seleccione una de las siguientes fortalezas espirituales del enemigo: los juegos de azar, la pornografía, el humanismo y el secularismo. Entonces ore, teniendo presente toda la armadura espiritual, con respecto a la influencia en su vida personal y en la sociedad.

Toda Escritura es inspirada por Dios, y útil para enseñar, para redargüir, para corregir, para instruir en justicia, a fin de que el hombre de Dios sea perfecto, enteramente preparado para toda buena obra (2 Timoteo 3:16-17).

¿Qué sucede cuando usted usa las Escrituras de las cuatro maneras que estudió para enseñar, redargüir, corregir e instruir en justicia? Lea 2 Timoteo 3:16-17 en el margen y marque la respuesta correcta.

Si dependo de las Escrituras en estas cuatro maneras...
❑ no volveré a pecar jamás;
❑ no tendré más problemas;
❑ estaré preparado para vivir de la forma en que Dios quiere;
❑ tendré mucho dinero.

La Escritura lo prepara para todo lo que usted hace. Estar afianzado en la Palabra de Dios no significa que nunca tendrá problemas ni que tendrá todo el dinero que quiera. Tampoco quiere decir que jamás volverá a pecar, porque la naturaleza del hombre es pecadora y propensa a caer. Sin embargo, usted puede descansar en las Escrituras para obtener la victoria en las pruebas; para ayudarlo a mantenerse alejado de los ataques de Satanás y demostrarle cómo satisfacer sus necesidades, aún las monetarias.

Ya debe haber memorizado el pasaje de Salmos 1:2-3. Dígaselo en voz alta a un amigo o miembro de la familia. Pídale a esta persona que verifique si los aprendió bien.

VÍSTASE CON LA ARMADURA ESPIRITUAL
Continúe con el estudio de la importancia de la espada del Espíritu como parte de la armadura para luchar en la batalla espiritual. Repase las tres pautas dadas con respecto a la espada del Espíritu en la página 51.

Pero cuando venga el Espíritu de verdad, él os guiará a toda la verdad; porque no hablará por su propia cuenta, sino que hablará todo lo que oyere, y os hará saber las cosas que habrán de venir. Él me glorificará; porque tomará de lo mío, y os lo hará saber. Todo lo que tiene el Padre es mío; por eso dije que tomará de lo mío, y os lo hará saber (Juan 16:13-15).

Préstele especial atención al tercer punto. Deténgase y ore basándose en la Palabra. El Espíritu Santo lo guiará a toda verdad y lo ayudará a saber cómo orar aún cuando usted ya tenga en mente los motivos (lea Juan 16:13-15, en el margen). Permita que el Espíritu Santo le recuerde la Palabra de Dios a medida que ora.

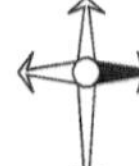

Dígale a su familia, a un amigo creyente o al grupo, lo que ha aprendido sobre la espada del Espíritu como parte de la Armadura espiritual.

Mientras se deleita en la Palabra de Dios, tal vez piense en otras personas que no tienen esta guía como parte de sus vidas cotidianas. Al comienzo de la semana usted escribió una lista de nombres de parientes y amigos en el "Gráfico de círculos de influencia". Hoy prestará atención a otras personas dentro de su círculo de influencia.

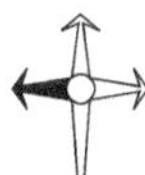

Haga una lista de personas no creyentes en cada círculo de influencia en el "Gráfico de círculos de influencia" (p. 135) y escríbalos en su "Lista para el pacto de oración" (p. 143).

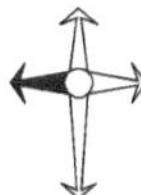

Comience a usar el folleto de testimonio que su líder le dio en la sesión anterior del grupo. Use una de las sugerencias siguientes para presentárselo a alguien.

- **Tengo un folleto del que aprendí algo muy interesante. ¿Puedo enseñárselo?**
- **¿Puedo enseñarle este folleto que explica cómo estar seguro de tener la vida eterna?**
- **Este folleto tiene un mensaje maravilloso sobre cómo tener una vida plena y significativa. ¿Podría enseñárselo?**

Hoy lea Salmos 119:113-120 durante su devocional. Pídale a Dios que le hable por medio de este pasaje. Luego complete la guía diaria de comunión con el Maestro que está en el margen.

¿QUÉ EXPERIENCIA TUVO ESTA SEMANA?

Repase la sección "Mi andar con el Maestro en esta semana" al comienzo del material para esta semana. Marque las actividades que haya completado con una línea vertical en el diamante. Termine toda actividad incompleta. Piense en lo que dirá durante la sesión de grupo acerca de su trabajo en tales actividades.

Al completar el estudio de la sección "Confiemos en la Palabra de Dios" espero que se dé cuenta del tesoro que posee en la Palabra de Dios. En las Escrituras tiene todo lo que necesita para aprender la doctrina correcta y la manera apropiada de vivir, la forma de volver al camino correcto y aún de encaminar el curso de su vida. Busque en la Palabra de Dios la guía y ayuda espiritual y las armas para defenderse de Satanás. La Palabra lo preparará para que sea un siervo útil en las manos del Maestro y rechace victoriosamente los ataques del enemigo.

GUÍA DIARIA DE COMUNIÓN CON EL MAESTRO

SALMOS 119:113-120

Qué me dijo Dios:

____

____

____

____

____

____

____

____

Qué le dije yo a Dios:

____

____

____

____

____

____

____

____

____

____

SEMANA 4

Orar con fe

La meta de esta semana

Al orar con fe, experimentará la victoria de Dios en las batallas espirituales.

Mi andar con el Maestro en esta semana

Completará las actividades. Cuando las haya completado trace una línea vertical en el diamante.

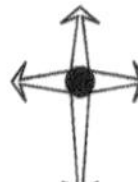

DEDICARLE TIEMPO AL MAESTRO

◇ Tenga un tiempo devocional cada día. Marque los días en que tenga su devocional: ❑ Domingo ❑ Lunes ❑ Martes ❑ Miércoles ❑ Jueves ❑ Viernes ❑ Sábado

VIVIR EN LA PALABRA

◇ Lea su Biblia diariamente. Escriba qué le dice Dios y qué le dice usted a Él.

◇ Memorice 1 Juan 5:14-15.

◇ Repase 1 Juan 4:4; 2 Timoteo 3:16-17 y Salmos 1:2-3.

◇ Medite en 1 Juan 5:14-15 después de leer la sección "Cómo usar la Guía a la meditación".

◇ Siga aprendiendo la presentación titulada "La palabra de Dios en la mano".

ORAR CON FE

◇ Durante su período de oración, use el formulario titulado "Ore con fe".

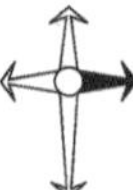

TENER COMUNIÓN CON LOS CREYENTES

◇ Explíquele a otro creyente la parte del "Escudo de la fe".

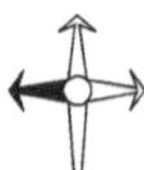

TESTIFICAR AL MUNDO

◇ En el "Gráfico de círculos de influencia" escriba los nombres de personas inconversas.

◇ Busque oportunidades para usar un folleto de testimonio o una presentación del evangelio para compartir las buenas nuevas con alguien.

MINISTRAR A OTROS

◇ Aprenda la parte del "Escudo de la fe" de la armadura espiritual.

Versículos para memorizar esta semana

Y esta es la confianza que tenemos en él, que si pedimos alguna cosa conforme a su voluntad, él nos oye. Y si sabemos que él nos oye en cualquiera cosa que pidamos, sabemos que tenemos las peticiones que le hayamos hecho (1 Juan 5:14-15).

DÍA 1

Reclame las promesas de Dios

¿Cómo deja usted que Dios le diga lo que está haciendo para que pueda sumarse a Su obra? Hace varios años nuestro grupo de trabajo en la editorial denominacional participó en un retiro para planear los productos y servicios que desarrollaríamos. El primer día dimos testimonio de lo que Dios nos revelaba mediante nuestro tiempo devocional. Al orar preguntamos: "Señor, ¿qué estás haciendo o vas a hacer en lo cual necesitamos participar?" Dios nos guió a Isaías 61, un pasaje citado en Lucas 4:18-19, que aparece en el margen.

El Espíritu del Señor está
sobre mí,
Por cuanto me ha ungido
para dar buenas nuevas
a los pobres;
Me ha enviado a sanar a
los quebrantados de
corazón;
A pregonar libertad a los
cautivos,
Y vista a los ciegos;
A poner en libertad a los
oprimidos;
A predicar el año agradable
del Señor (Lucas 4:18-19).

Cuando el retiro concluyó, partimos convencidos de que Dios quería que nos ocupáramos de las clases de personas a quienes Jesús vino a servir: los cautivos o reclusos, los ciegos y los oprimidos. Planificamos productos para ayudarlos. Apoyados en esa Palabra que recibimos del Padre, también comenzamos a indagar dónde obraba Dios.

La primera vez que noté que Dios usaba dicho pasaje para guiarnos fue cuando Don Dennis, un exrecluso, pidió ayuda para lanzar un programa que utilizaría *MasterLife* (la versión original de *Vida discipular*) en cárceles del estado de Texas. Satisficimos el pedido y, con el curso de los años, miles de reclusos han sido liberados espiritualmente a través de dicho programa, tanto en los Estados Unidos, como en otros países.

Luego, la Primera Iglesia Bautista de Houston nos ofreció permiso para publicar *First Place: A Christ-Centered Health Program.* Tal proyecto ha contribuido para que miles de personas adquieran el hábito de ejercitarse y de alimentarse saludablemente en el contexto del discipulado cristiano. Seguidamente, una organización cristiana dedicada al cuidado de la salud denominada Rapha (reconocida en los E.E.U.U.) nos ofreció permiso para publicar materiales bíblicos que su personal había recopilado para ayudar a personas afectadas por adicciones y otras dificultades emocionales. Así lanzamos la serie de publicaciones *LIFE Support* para contribuir a que los ministerios de grupos de apoyo pudieran ayudar a personas afectadas por vidas conflictivas, tales como experiencias dolorosas en el pasado, abuso sexual, desórdenes en los hábitos alimenticios, dependencia de sustancias químicas, divorcio, pérdida de seres queridos y obsesiones dañinas. A través de dichos materiales, miles de personas han experimentado un proceso de sanidad que las ha acercado a Cristo o ha eliminado los obstáculos para servirle.[1]

Marque la respuesta que mejor describa cómo buscamos conocer la voluntad de Dios para nuestro servicio. Nosotros...

- ❑ **dijimos a Dios lo que deseábamos hacer y le pedimos que bendijera nuestros planes;**
- ❑ **pusimos en práctica nuestras ideas sin orar, confiando en nuestro instinto;**

❑ dijimos a Dios lo que deseábamos hacer y le pedimos que nos revelara un pasaje bíblico para respaldar nuestra estrategia;
❑ pedimos a Dios que nos revelara dónde quería que trabajáramos y Él nos guió a un pasaje bíblico que nos guiaría.

Hubiéramos podido operar sin contar con la voluntad de Dios si le pedíamos que bendijera los planes que habíamos elaborado sin antes consultarle. Le pedimos a Dios que nos revelara en su Palabra en qué deseaba Él que nosotros trabajáramos, y Él nos guió hacia un pasaje bíblico. La respuesta correcta es la última.

UNA LÁMPARA A NUESTROS PIES

Dios le brinda una orientación diaria para tomar decisiones, enfrentar problemas y satisfacer sus necesidades. Al obrar mediante la presencia del Espíritu Santo, la Palabra de Dios se vuelve activa, viva y dinámica para dirigir su vida. Cuando su vida descansa en la Palabra de fe, se constituye en una lámpara a sus pies y una luz en su camino. Lea el pasaje de Salmos 119:105 que aparece en el margen.

Lámpara es a mis pies tu palabra,
Y lumbrera a mi camino (Salmos 119:105).

A través de su Palabra, Dios revela su voluntad a los creyentes espiritualmente sensibles que cumplen con sus condiciones. Esta semana, usted aprenderá los pasos para orar con fe. Al finalizar la semana podrá:

- identificar las ocasiones cuando haya relacionado la oración con la Palabra de Dios;
- escribir una lista de tres pasos para hacer un pacto con Dios;
- escribir una lista de seis pasos para orar con fe;
- proporcionar ejemplos de personas que oraron con fe en relación con un mensaje de Dios;
- seleccionar un problema o una necesidad acerca del cual desea orar con fe.

UN PACTO CON DIOS

Es posible que una relación entre la oración con fe y la vida en la Palabra, ahora tenga más sentido si reflexiona en lo que ya ha estudiado en *Vida discipular*. Al usar la lista para el pacto de oración, quizás usted se preguntó cómo encontrar una promesa bíblica en la cual basar sus oraciones. Un pacto es una promesa, compromiso o convenio entre dos o más personas para hacer algo de mutuo acuerdo. Una de las ideas fundamentales de la Biblia es el pacto de Dios con su pueblo. Los pactos bíblicos entre Dios y su pueblo tenían tres etapas:

Una de las ideas fundamentales de la Biblia es el pacto de Dios con su pueblo.

Etapa 1: Dios revelaba su voluntad y hacía una promesa.
Etapa 2: El pueblo cumplía con las condiciones que Dios establecía.
Etapa 3: El pueblo creía a Dios y recibía la bendición.

Tenga presente los tres pasos para celebrar un pacto y lea los siguientes pasajes bíblicos. Trace un círculo alrededor de la 1ª etapa. Subraye las partes que ilustran la 2ª etapa. Marque las partes que ilustran la 3ª etapa con corchetes [ ].

"Y he aquí que yo traigo un diluvio de aguas sobre la tierra, para destruir toda carne en que haya espíritu de vida debajo del cielo; todo lo que hay en la tierra morirá. Mas estableceré mi pacto contigo, y entrarás en el arca tú, tus hijos, y las mujeres de tus hijos contigo. Y lo hizo así Noé; hizo conforme a todo lo que Dios le mandó. Era Noé de seiscientos años cuando el diluvio de las aguas vino sobre la tierra. Y por causa de las aguas del diluvio entró Noé al arca, y con él sus hijos, su mujer, y las mujeres de sus hijos" (Génesis 6:17-18, 22; 7:6-7).

"Dicho esto, [Jesús] escupió en tierra, e hizo lodo con la saliva, y untó con el lodo los ojos del ciego, y le dijo: Vé a lavarte en el estanque de Siloé (que traducido es, Enviado). Fue entonces, y se lavó, y regresó viendo" (Juan 9:6-7).

Dios le hizo promesas a su pueblo. El pueblo cumplió con las condiciones de Dios; creyó y fueron bendecidos.

Lea los siguientes relatos y aplicando los mismos pasos para celebrar un pacto, escriba el número de la etapa en la cual no se siguió el proceso.

___ 1. Jaime quería volverse rico, así que le pidió a Dios un millón de dólares.

___ 2. Cuando Nancy leyó Santiago 1:27, el Espíritu la guió a visitar un orfelinato del vecindario; pero ella decidió no hacerlo porque eso le recordaría la infelicidad de su niñez.

___ 3. Al escuchar un sermón acerca de Mateo 28:18-20, Juan se sintió guiado a renunciar a su empleo para servir como misionero. Al día siguiente se inscribió para servir en una misión. En breve le ofrecieron una importante promoción en el trabajo, la cual él aceptó.

___ 4. Esteban resolvió que necesitaba una nueva casa, de manera que consiguió un préstamo y compró una.

Las respuestas son 1) Etapa 1; 2) Etapa 2; 3) Etapa 2; 4) Ninguna. Esta semana estudiará cómo Dios revela su voluntad cuando usted ora con fe.

Como aprendió durante la semana 3, una manera de vivir en la Palabra y que la misma viva en usted para ayudarlo a experimentar la victoria, es pensar acerca de eso, o meditarlo. Esta semana aprenderá a meditar en la Palabra de Dios.

La meditación se ha denominado pensamiento reflexivo con el propósito de aplicarse a la vida. El proceso entraña dedicar la mente a algo en forma exclusiva, examinarlo o sopesarlo, y pensar en la Palabra de Dios de manera tal que el mensaje de las Escrituras se aplique a una necesidad específica en su vida. Una maravillosa promesa de la Palabra de Dios (1 Juan 5:14-15) se ocupa de la relación que hay entre las bendiciones de Dios y nuestra meditación.

En las Escrituras la meditación se aplica a una necesidad específica en su vida.

Pase a la página 60 y lea 1 Juan 5:14-15 en voz alta para comenzar a memorizar los versículos de esta semana.

La siguiente sección, titulada "Cómo usar la guía a la meditación", lo guiará en un proceso para meditar en un pasaje de la Biblia. Use el de 1 Juan 5:14-15 y copie diariamente el formulario de la Guía a la meditación (página 136) durante su tiempo devocional esta semana. No necesita terminar hoy la meditación de tales versículos, sino que puede hacerlo siguiendo su propio ritmo desde ahora hasta finalizar el día 5. Esta semana, dichos períodos de meditación reemplazarán la tarea de la guía diaria de comunión con el Maestro. Copie el formulario de la Guía a la meditación de los períodos de meditación futuros.

Realice un estudio con meditación por secciones durante algunos minutos cada día. Concéntrese en un versículo por semana.

CÓMO USAR LA "GUÍA A LA MEDITACIÓN"[2]

Usted puede realizar un estudio con meditación por secciones durante algunos minutos cada día. Concéntrese en un versículo por semana. Es posible que, por lo general, prefiera un versículo que haya memorizado o tal vez el versículo clave en un pasaje o capítulo que haya estudiado durante el proceso de *Vida discipular*. Después de escoger un versículo, ore y reclame el cumplimiento de Santiago 1:5 a fin de tener sabiduría para aplicar la Palabra de Dios.

El contexto del versículo

Lea los versículos anteriores y posteriores del versículo seleccionado a fin de establecer el tema central y el contexto, lo cual lo ayudará a interpretarlo. Luego escriba un resumen del pasaje.

Paráfrasis del versículo

Escriba el versículo en sus propias palabras.

Desmenuce el versículo

Asimile el versículo usando tres pasos para asimilar las verdades que contiene.

1. Concéntrese en una palabra diferente del versículo cada vez que lo lea o lo repita. Luego describa el significado opuesto de dicha palabra para descubrir lo que dice el versículo.
2. Escriba por lo menos dos palabras importantes del versículo en las cuales se haya concentrado.
3. Haga las siguientes preguntas sobre las dos palabras para asociar las Escrituras con las necesidades suyas: ¿Qué? ¿Por qué? ¿Cuándo? ¿Dónde? ¿Quién? ¿Cómo?

Deje que el Espíritu Santo aplique el versículo a una necesidad, un desafío, una oportunidad o un fracaso en su vida.

Aplíquese el versículo

Deje que el Espíritu Santo aplique el versículo a una necesidad, un desafío, una oportunidad o un fracaso en su vida. ¿Qué *hará* con la aplicación de este versículo a su vida? Sea específico.

Ore al Señor con las palabras del versículo
Haga del versículo algo personal, orando al Señor con las mismas palabras del versículo. Expréselo oralmente o escríbalo al orar.

Pasajes paralelos
Consulte otros pasajes que destaquen la misma verdad del versículo.

Dificultades del versículo
Haga una lista de pensamientos o ideas que quizás no comprenda o que tenga dificultades para aplicarlos a su vida. Hable sobre ello con un maestro de la Escuela Dominical o con un hermano en la fe.

Posibilidades de ayudar a otros mediante el versículo
Escriba cómo puede aplicar el versículo para ayudar a otra persona.

Extensión del estudio
Escriba sus planes para estudiar más extensamente dicho versículo.

CÓMO DEMOLER FORTALEZAS ESPIRITUALES PERSONALES

Es posible que ya pueda reconocer más fácilmente las fortalezas espirituales enemigas que hay en su vida, las cuales necesita destruir. Luego de los estudios de semanas anteriores, espero que pueda ver cambios en las áreas de la amargura, el uso del lenguaje y los apetitos carnales mediante la obra del Espíritu Santo en su vida. Hoy considerará la destrucción de otra área: La fortaleza de los rituales religiosos. En Mateo 23:1-8 hay cuatro criterios que nos indican cuándo el ritual religioso se vuelve una fortaleza espiritual enemiga:

1. Cuando le dice a otros que hagan lo que usted no hace (vv. 2-3)
2. Cuando exige actos que Jesús no nos ha mandado (v. 4)
3. Cuando participa en actividades religiosas para ser visto por los demás (vv. 5-7)
4. Cuando acepta honor, posición o autoridad para el servicio religioso (vv. 8-12)

Lea los versículos del margen, los cuales tratan de la fortaleza de los rituales religiosos. Luego describa el área religiosa que debe destruir en su vida, qué debe hacer para demolerla y el o las armas espirituales que usará en esa demolición. Más adelante, en esta semana, tomará nota de sus adelantos.

He aquí un ejemplo.

Fortaleza espiritual a demoler: Desempeñarme como maestro de la Escuela Dominical para que otros piensen que soy un buen creyente y no hacerlo por obediencia a Dios.

Guardaos de hacer vuestra justicia delante de los hombres, para ser vistos de ellos; de otra manera no tendréis recompensa de vuestro Padre que está en los cielos. Cuando, pues, des limosna, no hagas tocar trompeta delante de ti como hacen los hipócritas en las sinagogas y en las calles, para ser alabados por los hombres; de cierto os digo que ya tienen su recompensa. Mas cuando tú des limosna, no sepa tu izquierda lo que hace tu derecha, para que sea tu limosna en secreto; y tu Padre que ve en lo secreto te recompensará en público. Y cuando ores, no seas como los hipócritas; porque ellos aman el orar en pie en las sinagogas y en las esquinas de las calles, para ser vistos de los hombres; de cierto os digo que ya tienen su recompensa. Mas tú, cuando ores, entra en tu aposento, y cerrada la puerta, ora a tu Padre que está en secreto; y tu Padre que ve en lo secreto te recompensará en público. Y orando, no uséis vanas repeticiones, como los gentiles, que piensan que por su palabrería serán oídos. No os hagáis, pues, semejantes a ellos; porque vuestro Padre sabe de qué cosas tenéis necesidad, antes que vosotros le pidáis (Mateo 6:1-8).

Qué debo hacer para demolerla: Pedirle al Señor que cambie la actitud de mi corazón y que me guíe a reaccionar a lo que Él desea que yo haga.

Arma(s) espiritual(es) que se usará(n): La coraza de la justicia: Confesar mi pecado y mis aires de creerme justo y bueno y reclamar para mí la justificación de Cristo. El cinturón de la verdad: Recordar que Satanás intenta convencerme de que mi valor se basa en lo que otros piensen de mí. Aferrarme a la verdad de Dios, la cual me asegura que mi importancia se origina en Él.

Ahora experiméntelo usted. Escriba sus respuestas.

Fortaleza espiritual a demoler: ______________________________

Qué debo hacer para demolerla: ______________________________

Arma(s) espiritual(es) que se usará(n):______________________

DÍA 2

Dios manifiesta la verdad

Sigue hablando de mí y de mi amor por las personas.

Jimmy Crowe, mi colega de muchos años, nos relata la experiencia de orar con fe cuando se preparaba para ser intervenido quirúrjicamente del corazón por tercera vez. Había salido airoso de sus dos cirugías anteriores, pero estas se habían practicado cuando Jimmy era más joven. Ya jubilado, Jimmy dijo que comenzó a temer que su edad y su aparente falta de propósito en la vida como persona jubilada, le impediría la absoluta recuperación de otra operación.

Jimmy oró al Señor: "Sabes que ahora soy mucho mayor. El trabajo de mi vida ha terminado. En las ocasiones anteriores, tú tenías trabajos para que yo hiciera. ¿Acaso podré sobrellevar esta cirugía? ¿Realmente debo tratar de pasarla ahora que ya no hago para ti tanto como solía hacerlo?" Un amigo me alertó acerca de la actitud de Jimmy. Lo llamé y lo animé a colaborar en esta edición de *Vida discipular* que usted está estudiando. También recibió llamadas telefónicas de apoyo por parte de amigos físicamente tan lejanos como en Australia.

La noche anterior a su cirugía, Jimmy leía del libro de Salmos. El Señor le reveló su respuesta en Salmos 118-17:

No moriré, sino que viviré,
Y contaré las obras de JAH.

“No sólo fue una promesa sino también una corrección”, recordó Jimmy. “Fue como si el Padre me dijera: `Parece que te has olvidado de tu tarea más importante. Todavía tienes mucho que hacer porque te he mandado a seguir hablando de mí y de mi amor por las personas’. Posteriormente el médico dijo que esta cirugía había sido fácil y mi recuperación rápida. Desde entonces mi vida ha sido uno de los períodos más fructíferos de mi ministerio, con muchas oportunidades para enseñar y ministrar”.

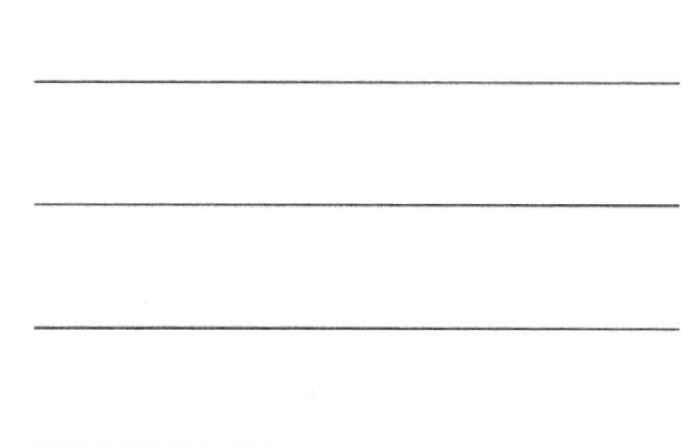

Describa al margen una crisis en la cual usted encontró alivio y victoria en las Escrituras.

Usted saldrá victorioso cuando tenga fe en que Dios le ha manifestado la verdad.

Quizás usted piense: *Realmente me gustaría orar con fe, apoyándome en un mensaje del Señor. Sin embargo, ¿cómo puedo hacerlo? ¿Cómo puedo saber que Dios me está hablando a través de una parte específica de su Palabra para aplicarla a una situación particular? ¿Cómo puedo utilizar las promesas hechas en su Palabra para ayudarme a demandar mi victoria en la guerra espiritual?* Usted saldrá victorioso cuando tenga fe en que Dios le ha manifestado la verdad.

Esta semana descubrirá seis pasos para orar con fe. Los tres primeros pasos se refieren a Dios manifestándole la verdad. Los otros tres se refieren a la manifestación de su fe a Dios. Hoy estudiará el primer paso.

DIOS LE MANIFIESTA LA VERDAD

1. **Permanecer en Cristo**
2. Permanecer en la Palabra
3. Permitir que el Espíritu Santo me conduzca en la verdad

Como discípulo de Cristo, su mayor anhelo es descubrir y cumplir la voluntad de Dios.

Como discípulo de Cristo, su mayor anhelo es descubrir y cumplir la voluntad de Dios. ¿Cómo se descubre la voluntad de Dios? En el sentido físico, Jesús ya no pasa caminando junto a nosotros ni lo llama a usted para ser su seguidor. Sin embargo, aún tiene el mismo interés en que usted cumpla su voluntad. Le ha dado la Palabra de Dios escrita, la cual se nos revela por medio del Espíritu Santo. A través de su Palabra, Dios lo ilumina y espera que usted la obedezca por fe: “Dios es el que en vosotros produce así el querer como el hacer, por su buena voluntad” (Filipenses 2:13).

Orar con fe constituye una comunicación de dos vías: Dios le manifiesta la verdad y usted ejercita su fe en Él. El formulario titulado “Orar con fe” (página 139) le proporciona una lista práctica de verificación para ayudarlo a aplicar tal enseñanza.

La siguiente sección titulada “Guía para orar con fe” utiliza elementos del formulario denominado “Orar con fe” (página 139) para que usted pueda ocuparse de un problema que tenga actualmente. Utilice copias del formulario para orar por problemas que se presenten en el futuro.

PASO 1. PERMANECER EN CRISTO

GUÍA PARA ORAR CON FE

¿Cuál es el problema? ______________________

____

Reconozca que Dios puede obrar en su problema para el bien suyo y la gloria de Él.

Primero reconozca que Dios puede obrar en su problema para el bien suyo y la gloria de Él, y que Él realmente lo hará. Romanos 8:28 le recuerda: "Y sabemos que a los que aman a Dios, todas las cosas les ayudan a bien, esto es, a los que conforme a su propósito son llamados". Eso no quiere decir que todas las cosas *sean* buenas, sino que con el tiempo Dios hará que todas las cosas obren conjuntamente para producir algo bueno.

En segundo lugar, reconozca que Dios es soberano. Él ya conocía las circunstancias suyas antes de que sucedieran. A pesar de que Él no modificó la sucesión de los hechos, es posible que no haya causado los mismos.

¿Cómo Dios usaría mi problema?

- ❑ **Como un medio para demostrar el poder de Dios**
- ❑ **Como una bendición divina que no he pedido**
- ❑ **Como una oportunidad para que Dios desarrolle en mí fe, amor y paciencia u otras características que me asemejen a Cristo.**
- ❑ **Como una oportunidad para desarrollar una vida de oración más efectiva.**

Vuelva a describir el problema como si fuera una pregunta que le hace a Dios.

____

¿Permanezco en Cristo y me he consagrado a cumplir su voluntad durante toda mi vida?
❑ **Sí** ❑ **No**

Si permanecéis en mí, y mis palabras permanecen en vosotros, pedid todo lo que queréis, y os será hecho (Juan 15:7).

____

____

____

____

____

____

La primera manera de aprender la voluntad de Dios es permanecer o perseverar en Cristo, como nos recuerda Juan 15:7. Lea dicho versículo en el margen.

Para usted, ¿qué significa *permanecer en Cristo*? Conteste al margen.

¿Se mantiene usted esencialmente unido a Cristo, la Vid? ❑ Sí ❑ No Si no es así, ¿qué necesita hacer para lograr una correcta relación con Él? Conteste al margen.

Asegúrese de que usted permanece en Cristo. Abandone su propia voluntad y deseos, en la mayor medida posible, para cumplir la voluntad de Dios. Asegúrese de que sus apetitos carnales no le impidan descubrir la voluntad de Dios. Las siguientes áreas son las que pueden afectarse:

- ❑ Sus sentidos (cuerpo)
- ❑ Sus deseos (voluntad)
- ❑ Su lógica (mente)
- ❑ Sus apetitos (carne)
- ❑ Sus sentimientos (emociones)

En la lista anterior, marque las áreas que podrían impedirle descubrir la voluntad de Dios.

Asegúrese de que sus apetitos carnales no están impidiendo descubrir la voluntad de Dios.

Los versículos para memorizar esta semana, 1 Juan 5:14-15, le recuerdan que debe aceptar la Palabra de Dios por fe. Trate de escribir dichos versículos en el margen.

Hoy medite en 1 Juan 5:14-15 durante su devocional. Siga la guía de la página 64.

DÍA 3

Recurra primero a Dios

Hoy seguirá examinando los seis pasos parar orar con fe. Los tres primeros pasos se refieren a descubrir la voluntad de Dios sobre un asunto. Ayer aprendió el primero, y hoy estudiará el segundo paso.

DIOS LE MANIFIESTA LA VERDAD
1. Permanecer en Cristo
2. Permanecer en la Palabra
3. Permitir que el Espíritu Santo me conduzca en la verdad

PASO 2: PERMANECER EN LA PALABRA

En Juan 15:7 encontramos un segundo paso para aprender la voluntad de Dios permaneciendo en la Palabra. Cuando usted tiene un problema, recurra primero a Dios y busque una solución al problema en su Palabra. Lea Salmos 27:13-14 que aparece en el margen.

Hubiera yo desmayado,
si no creyese que veré la bondad de Jehová
En la tierra de los vivientes.
Aguarda a Jehová;
Esfuérzate, y aliéntese tu corazón;
Sí, espera a Jehová
(Salmos 27:13-14).

"Guía para orar con fe", a continuación, utiliza elementos del formulario "Orar con fe" (página 139) para ayudarlo a seguir ocupándose del problema que identificó el día 2. Utilice copias del formulario titulado "Orar con fe" para orar por problemas que se presenten en el futuro.

GUÍA PARA ORAR CON FE
Pregúntese:
- **¿He puesto primero mi problema en manos de Dios? ❑ Sí ❑ No**
- **¿Me apoyo regularmente en su Palabra? ❑ Sí ❑ No**
- **¿Estoy dispuesto a aguardar la solución de Dios? ❑ Sí ❑ No**

¿A quién ha recurrido usted a fin de obtener ayuda para su problema? Márquelos a continuación:

❑ un vecino	❑ un consejero
❑ un médico	❑ un pariente
❑ un abogado	❑ un hermano de la iglesia
❑ un contador	❑ otro: ____________________

Dios se vale de otros recursos para ayudarlo a resolver su problema, sin embargo desea que primero usted recurra a Él.

Si vosotros permaneciereis en mi palabra, seréis verdaderamente mis discípulos; y conoceréis la verdad, y la verdad os hará libres (Juan 8:31-32).

El que tiene mis mandamientos, y los guarda, ése es el que me ama; y el que me ama, será amado por mi Padre, y yo le amaré, y me manifestaré a él (Juan 14:21).

Mas él conoce mi camino; me probará, y saldré como oro.
Mis pies han seguido sus pisadas; guardé su camino, y no me aparté.
Del mandamiento de sus labios nunca me separé; guardé las palabras de su boca más que mi comida (Job 23:10-12).

Lea los pasajes bíblicos que aparecen en el margen y escriba en sus propias palabras lo que cada pasaje enseña acerca de permanecer o perseverar en la Palabra,

Juan 8:31-32: ____________________________________

Juan 14:21: ____________________________________

Job 23:10-12: ____________________________________

Escriba una "A" junto al relato que describa a personas que permanecen fielmente en la Palabra.

____ Oscar estudia la Biblia y cumple la voluntad de Dios tan bien como puede. Cuando falla, pide perdón. Se ha consagrado a hacer cuanto Dios le pida que haga.

____ Ramón es activo en su iglesia pero no entiende qué relación tiene la Biblia con lo que él hace cada día. Lee algo de la Biblia cada semana. Tiene muchas metas para su vida. Le ha pedido a Dios que lo ayude a lograr dichas metas y cree que Dios lo hará.

____ Mientras lee la Biblia cada día, Estela ha descubierto varios versículos que se aplican a su vida. Ha subrayado las condiciones de cada versículo y los cumple según se manda.

____ Ricardo cree que Dios le hizo una promesa a través de un versículo que memorizó. Sin embargo, después de seis meses, poco ha sucedido. Ricardo cree que Dios ilumina más a quienes siguen la luz que tienen a su alcance. En consecuencia, sigue obedeciendo la Palabra y cree que recibirá más luz cuando Dios lo determine.

A medida que cumple las condiciones para conocer la voluntad de Dios acerca de un asunto, a usted se le puede manifestar la voluntad de Dios para su vida y sus oraciones. En el ejercicio, todos los individuos permanecen en la Palabra, excepto Ramón, quien no discierne la voluntad de Dios a través de la Palabra.

Al permanecer en la Palabra de Dios, ¿cómo puede usted permitir que Dios le hable?

- Leer la Biblia en forma sistemática y dejar que Dios le hable mediante los pasajes que Él trae a sus pensamientos.
- Buscar principios y verdades específicas, que se apliquen a su situación actual.
- Buscar el significado del pasaje bíblico para los lectores originales.
- Buscar una aplicación actual de una verdad o situación bíblica.
- Estar dispuesto a buscar y a aguardar un mensaje de Dios.

Quizás se inquiete porque le sugiero encontrar un versículo bíblico específico en relación a su situación presente. Puede pensar que *realmente no quiero decir que uno abra la Biblia y ponga el dedo al azar sobre un versículo.* Muchos abusos de las Escrituras ocurren cuando las personas se valen de ese método. Definitivamente, no es lo que quiero decir acerca de orar con fe reclamando para usted la promesa de un versículo. No se trata de un versículo del cual usted se apropie, sino un versículo que se apropie de usted en la medida que el Espíritu Santo se lo aplique a usted en su contexto.

Lea Santiago 4:3, que aparece en el margen. ¿Por qué no fue contestada su oración?

Pedís, y no recibís, porque pedís mal, para gastar en vuestros deleites (Santiago 4:3).

____

También pueden ocurrir abusos de las Escrituras cuando usted ora por motivos equivocados. La persona a la cual se refiere Santiago 4:3, oraba de acuerdo con la carne en lugar de permanecer en Cristo.

Vuelva a formularse estas preguntas acerca de su problema:

- **¿He puesto primeramente mi problema en manos de Dios? ❑ Sí ❑ No**
- **¿Permanezco en su palabra en forma regular? ❑ Sí ❑ No**
- **¿Estoy dispuesto a aguardar la solución de Dios? ❑ Sí ❑ No**

Escriba los dos pasos para orar con fe que ya ha estudiado, antes de ocuparse del tercer paso, mañana.

1. P____________________________________

1. P____________________________________

3. Permitir que el Espíritu Santo me conduzca en la verdad

VÍSTASE CON LA ARMADURA ESPIRITUAL

Esta semana estudiará el Escudo de la fe para seguir aprendiendo acerca de la armadura espiritual. Pase a las páginas 129-131 y repase rápidamente la presentación completa de la armadura espiritual, prestando especial atención a la parte del Escudo de la fe. Cuando finalice este estudio usted podrá explicar toda la presentación en sus propias palabras.

Avance con el Escudo de la fe para apagar los dardos de fuego del maligno.

Con una mano usted sujeta la espada del Espíritu. Con la otra, imagina que sujeta el Escudo de la fe. El escudo romano era una pieza de madera larga y oblonga. Cuando lo impactaban las ardientes flechas enemigas, éstas se clavaban en la madera y se extinguían. De igual manera, cuando los dardos de fuego del maligno se dirijan hacia usted, avance con el Escudo de la fe para apagarlos. Deje que el Escudo de la fe le recuerde lo siguiente:

1. Reclame la victoria. La fe es la victoria que vence al mundo (vea 1 Juan 5:4).
2. Avance con fe. La fe sin obras es muerta (vea Santiago 2:20). Ponga sus oraciones en acción.
3. Apague los dardos de fuego del maligno.

Concéntrese ahora en el primero de los tres recordatorios. Afirme el hecho de haber logrado ya la victoria. Al orar, agradezca a Dios de antemano porque usted sabe que saldrá victorioso.

Repase los versículos para memorizar esta semana, 1 Juan 5:14-15, diciéndoselos a un amigo o un familiar. Explique qué aprendió de dichos versos acerca de orar con fe.

Hoy medite en 1 Juan 5:14-15 durante su devocional. Siga la guía de la página 64.

DÍA 4

Dios nos conduce en la verdad

Hoy seguirá examinando los seis pasos parar orar con fe. Los tres primeros pasos se refieren a descubrir la voluntad de Dios sobre un asunto. Ya habrá aprendido los primeros dos. Hoy estudiará el tercero.

DIOS LE MANIFIESTA LA VERDAD
1. Permanecer en Cristo
2. Permanecer en la Palabra
3. **Permitir que el Espíritu Santo me conduzca en la verdad**

PASO 3: PERMITIR QUE EL ESPÍRITU SANTO ME CONDUZCA EN LA VERDAD

La siguiente sección titulada "Guía para orar con fe" usa elementos del formulario denominado "Orar con fe" (página 139) para ayudarlo a seguir ocupándose de un problema que identificó el día 2. Utilice copias del formulario para orar por problemas que se presenten en el futuro.

GUÍA PARA ORAR CON FE

¿Permito que regularmente el Espíritu me llene, me guíe hacia las Escrituras y las aplique a mi problema? ❑ Sí ❑ No

¿Cuál es el pasaje bíblico?

____

¿Cómo creo que el pasaje bíblico se aplica a mi problema?

____

Dios revela su voluntad a través de su Palabra, pero únicamente a quienes permiten que el Espíritu Santo los dirija en la verdad. El Espíritu Santo tiene que obrar tanto para revelarle a usted la verdad de Dios como para ayudarlo a recibir la verdad.

Dios revela su voluntad a través de su Palabra, pero únicamente a quienes permiten que el Espíritu Santo los dirija en la verdad.

Lea los pasajes bíblicos del margen. ¿Cuál es una de las funciones primordiales del Espíritu Santo? Subráyelos.

Tenga en cuenta que en Juan 16:13-15 Jesús prometió que el Espíritu le revelaría a usted la verdad de tres maneras diferentes. Subráyelas.

Pero cuando venga el Espíritu de verdad, él os guiará a toda la verdad; porque no hablará por su propia cuenta, sino que hablará todo lo que oyere, y os hará saber las cosas que habrán de venir. Él me glorificará; porque tomará de lo mío, y os lo hará saber. Todo lo que tiene el Padre es mío; por eso dije que tomará de lo mío, y os lo hará saber (Juan 16:13-15).

Más el Consolador, el Espíritu Santo, a quien el Padre enviará en mi nombre, él os enseñará todas las cosas, y os recordará todo lo que yo os he dicho (Juan 14:26).

El Espíritu Santo es el maestro en la vida de los creyentes. Bajo su guía, las palabras de la Biblia se vuelven un mensaje de parte del Padre para cada uno de nosotros. Él está presente cuando cada creyente estudia la Palabra. Para indicar cómo obra el Espíritu Santo, quizás usted haya subrayado que "os guiará", "hablará" y "os hará saber".

Una de las funciones primordiales del Espíritu Santo es revelarle la verdad. Si usted lee la Biblia con un método lógico y analítico, y llega a la conclusión de que *Esto es lo que Dios me está diciendo,* se pierde el elemento vital de permitir al Espíritu guiarlo e iluminar el pasaje. Cuando usted permite que el Espíritu lo haga, entonces puede caminar a la luz de esa iluminación. Quizás piense, *Ese criterio suena un poco místico para mí.* La esencia del cristianismo auténtico *es* en verdad algo mística. Es su relación con Jesucristo; y eso es algo que no se puede meter en un tubo de ensayo. El Espíritu Santo revela la presencia de Dios en su vida. El Espíritu inspiró a quienes escribieron la Palabra. Ahora el Espíritu Santo obra en usted para interpretar lo que fue escrito y para ayudarlo a aplicar la Escritura a su vida.

Siga leyendo y estudiando hasta que el Espíritu Santo le llame su atención a un pasaje bíblico. Cuando el Espíritu ilumine las Escrituras y usted las aplique a su situación, formúlese estas preguntas de comprobación acerca de la conclusión suya:

- ¿Está de acuerdo con la verdad revelada en el resto de la Biblia?
- ¿Está de acuerdo con el carácter de Dios?
- ¿Está de acuerdo con el sentido del contexto bíblico?
- ¿Viola el significado original de la Escritura?
- ¿Sigue testificando el Espíritu Santo de la validez de su conclusión mientras usted sigue orando por ello?

Repase lo estudiado escribiendo una lista de las tres maneras de obtener la revelación de la voluntad de Dios como base para orar con fe. Recuerde que estos pasos son los tres primeros de seis pasos para orar con fe.

Dios le revela su verdad cuando usted:
1. P____
2. P____
3. P____

Un estudio sistemático de la Palabra de Dios y la aplicación sistemática de la Palabra a su vida con la intervención del Espíritu Santo contribuye a evitar abusos en la oración con fe. En las siguientes situaciones relatadas, escriba "Sí" junto a aquellas donde compruebe la correcta aplicación de lo estudiado. Escriba "No" donde los principios se aplican equivocadamente.
___1. Usted abre la Biblia y pone el dedo al azar sobre un versículo.
___2. El Espíritu Santo le llama la atención hacia un versículo durante su lectura bíblica diaria. Parece que Dios le habla acerca de un asunto específico.
___3. Usted lee en la Biblia acerca de una persona y el Espíritu le testifica afirmando: "Ese caso es igual al tuyo. Ahora Dios te dice lo mismo que antes le dijo a aquella persona".
___4. Usted decide lo que desea hacer con respecto a un problema y busca un versículo que respalde su decisión.
___5. Usted cree que posiblemente Dios le habla mediante un versículo, pero se da cuenta de que la interpretación que le dio contradice otra verdad claramente revelada en la Palabra de Dios. Así que vuelve a considerarlo y procura encontrar orientación adicional a través de las Escrituras.

Ciertamente hay casos en que Dios ha usado el método de señalar un versículo al abrirse la Biblia, sin embargo, habitualmente Él no le hablará cuando seleccione un pasaje bíblico al azar o cuando usted tome una decisión acerca de algo sin consultarlo primero a Él. Él le habla cuando el Espíritu Santo le llama la atención a un versículo durante su lectura bíblica diaria, o cuando el Espíritu le revela que su situación es similar a la de la persona acerca de la cual lee. Si usted tiene una duda o cree que otro pasaje bíblico contradice la interpretación de su pasaje, busque más orientación en la Palabra. Las situaciones 2, 3 y 5 son las que se aplican correctamente a los principios estudiados.

¿Qué sucede si no encuentra un pasaje bíblico que contenga una orientación directa para un problema o una necesidad? Siga leyendo la Biblia y orando hasta que llegue la respuesta (véase Mateo 7:7-8). Tal vez Dios permita que usted llegue a sus propios límites antes de revelarle su respuesta. Espere en el Señor. ¿Qué hacer si debe tomar una decisión antes de obtener una respuesta? Cerciórese de hacerlo inmediatamente antes de usar su propio razonamiento (ver Proverbios 3:5-6). Pero si las circunstancias lo obligan a tomar una decisión antes de obtener un mensaje específico de Dios, sométase a la voluntad de Él y tome la decisión a la luz de la revelación bíblica total y la orientación del Espíritu.

El Espíritu Santo ilumina la Palabra para quienes procuran conocer y cumplir la voluntad de Dios. Usted descubre la voluntad de Dios mediante la nutrición sistemática en la Palabra. Se convierte en el mensaje personal de Dios cuando usted lo obedece por fe.

El Espíritu Santo ilumina la Palabra para quienes procuran conocer y cumplir la voluntad de Dios.

VÍSTASE CON LA ARMADURA ESPIRITUAL

El día 3, usted repasó la importancia del Escudo de la fe mientras seguía estudiando la presentación de la armadura espiritual. Aprendió tres pasos para sujetar el Escudo de la fe. Repáselo en la página 72.

Concéntrese ahora en el segundo paso para sujetar el Escudo de la fe. Si Dios le ha revelado un mensaje, reclame la victoria y avance con fe. Pídale que le dé valentía para avanzar con ímpetu mientras el Señor lo dirige y no para simplemente hablar de su fe sin vivirla.

Si Dios le ha revelado un mensaje, reclame la victoria y avance con fe.

LA PALABRA DE DIOS EN LA MANO

La semana pasada usted comenzó a estudiar una ilustración sencilla sujetando con la mano la Palabra de Dios, la espada del Espíritu, a fin de salir victorioso. Esta semana aprenderá pasajes bíblicos que respaldan dicha ilustración.

Consulte el dibujo de la mano de la página 132. Repase las citas bíblicas de la sección "Nivel 2: Explicación" (p. 133) en la presentación de La Palabra de Dios en la mano.

En la siguiente ilustración escriba las cinco maneras de aferrarse a la Palabra de Dios en su corazón y la manera de sujetar la Palabra firmemente. Luego agregue las siguientes citas bíblicas en los lugares apropiados del dibujo. Si necesita repasarlas, consulte las páginas 132-134.

- **Marcos 4:23; Romanos 10:17**
- **Salmos 1:2-3; Josué 1:8**
- **Apocalipsis 1:3**
- **Hechos 17:11; 2 Timoteo 2:15**
- **Salmos 119:9-11; Deuteronomio 6:6**
- **Lucas 6:46-49; Santiago 1:22**

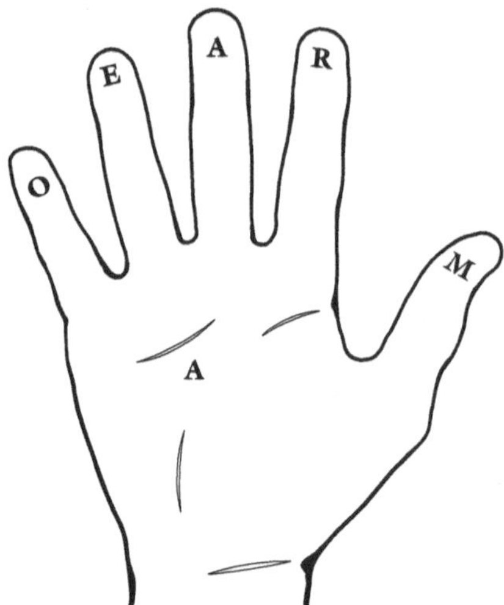

Hoy medite en 1 Juan 5:14-15 durante su devocional. Siga la guía de la página 64. Luego evalúe su memoria tratando de decir en voz alta dichos versículos. Recuerde los versículos para memorizar de las semanas 1, 2, y 3.

DÍA 5

Cómo manifestar su fe

Esta semana estudiará los seis pasos parar orar con fe. Los tres primeros pasos se refieren a la manifestación de la verdad de Dios. Los tres últimos se refieren a la manifestación de su fe a Dios.

> PARA MANIFESTARLE SU FE A DIOS
> **4. Pedir conforme a la voluntad de Dios**
> 5. Aceptar la voluntad de Dios por fe.
> 6. Proceder según el mensaje de Dios para usted.
> Estos tres últimos pasos sólo pueden consumarse después de que Dios le haya revelado su voluntad a través de la Palabra.

PASO 4: PEDIR CONFORME A LA VOLUNTAD DE DIOS

La siguiente sección titulada "Guía para orar con fe" utiliza elementos del formulario denominado "Orar con fe" (página 139) para que usted pueda seguir ocupándose de un problema que identificó el día 2. Si usted todavía no ha recibido la

orientación de Dios acerca del problema por el cual ha orado esta semana, repase el material que estudió y no responda todavía a las preguntas acerca de su motivo de oración. Aguarde hasta obtener un pasaje bíblico en el cual basar su fe. Utilice copias del formulario para orar por problemas que se presenten en el futuro.

GUÍA PARA ORAR CON FE
¿Cuál es mi motivo de oración específico?

____

Si permanecéis en mí, y mis palabras permanecen en vosotros, pedid todo lo que queréis, y os será hecho (Juan 15:7).

Lea Juan 15:7 y Mateo 7:7-8 que aparecen en el margen. ¿Cuál es el paso adicional que usted debe dar después que Dios le haya revelado su voluntad respecto a un asunto específico a través de su Palabra?

____

Pedid, y se os dará; buscad, y hallaréis; llamad, y se os abrirá. Porque todo aquel que pide, recibe; y el que busca, halla; y al que llama, se le abrirá (Mateo 7:7-8).

Lea Santiago 4:2-3 que aparece en el margen. Escriba dos razones por las que muchas personas no tienen todo lo que Dios desea darles.

Codiciáis, y no tenéis; matáis y ardéis de envidia, y no podéis alcanzar; combatís y lucháis, pero no tenéis lo que deseáis, porque no pedís. Pedís, y no recibís, porque pedís mal, para gastar en vuestros deleites (Santiago 4:2-3).

Dios está dispuesto a darnos en abundancia, pero con frecuencia no le pedimos lo que Él quiere que tengamos. Él espera que le pidamos después de discernir su voluntad para nosotros. Cuando no pedimos o pedimos con motivos incorrectos, no recibimos los buenos dones que Dios reserva para nosotros.

En la Biblia hay muchos incidentes que ilustran ocasiones en que las personas percibieron la voluntad de Dios y luego hicieron su petición en base a dicha voluntad. Cuando Nehemías supo de sus coterráneos en el exilio, recordó las palabras de Dios a Moisés (véase Nehemías 1:8-9). Basado en esto, Nehemías oró pidiendo que Dios le permitiera regresar a Jerusalén a reconstruir los muros. Lea las palabras de Nehemías que aparecen en el margen. Hacía treinta y ocho años que el paralítico que Jesús sanó junto al estanque de Betesda se tendía en aquel sitio, pero luego Jesús le dijo: "Levántate, toma tu lecho y anda". Lea el pasaje de Juan 5:5-9 que figura en la página 78. Debido a esas palabras de Jesús, el hombre se levantó y pudo caminar.

Acuérdate ahora de la palabra que diste a Moisés tu siervo, diciendo: Si vosotros pecareis, yo os dispersaré por los pueblos; pero si os volviereis a mí, y guardareis mis mandamientos, y los pusiereis por obra, aunque vuestra dispersión fuere hasta el extremo de los cielos, de allí os recogeré, y os traeré al lugar que escogí para hacer habitar allí mi nombre (Nehemías 1:8-9).

Describa una ocasión en la que Dios le reveló su voluntad mediante las Escrituras.

____

Dios cumplirá lo prometido o lo ayudará a hacer lo que Él le mandó. El primer paso para comunicarle su fe a Dios es pedir de acuerdo con su voluntad. Las mayores bendiciones de Dios y el mejor rendimiento a su reino suceden cuando usted cumple plenamente con el pacto de Dios.

Y había allí un hombre que hacía treinta y ocho años que estaba enfermo. Cuando Jesús lo vio acostado, y supo que llevaba ya mucho tiempo así le dijo: ¿Quieres ser sano? Señor, le respondió el enfermo, no tengo quien me meta en el estanque cuando se agita el agua; y entre tanto que yo voy, otro desciende antes que yo. Jesús le dijo: Levántate, toma tu lecho, y anda. Y al instante aquel hombre fue sanado, y tomó su lecho, y anduvo (Juan 5:5-9).

____

____

____

Persevere en el versículo que Dios le ha revelado. El Espíritu de Dios tiene poder para revelarle su voluntad. Pídale a Dios que responda, con base en su Palabra.

PASO 5: ACEPTAR LA VOLUNTAD DE DIOS POR FE.
Los versículos para memorizar esta semana, 1 Juan 5:14-15, señalan otro paso que le comunica su fe a Dios.

Diga en voz alta los versículos para esta semana, 1 Juan 5:14-15. Escriba el paso que mencionan dichos versículos.

La segunda manera de comunicar su fe es aceptar la voluntad de Dios.

PARA MANIFESTARLE SU FE A DIOS
4. Pedir de acuerdo con la voluntad de Dios
5. Aceptar la voluntad de Dios por fe.
6. Proceder según el mensaje de Dios para usted.

Si Dios lo ha dicho, créalo y póngalo en práctica. No siempre sé cómo resolverá mi problema, pero comienzo por aceptar la seguridad del hecho de una respuesta que Él me brindará, y por ello lo alabo.

La siguiente sección titulada “Guía para orar con fe” utiliza elementos del formulario denominado “Orar con fe” (página 139) para que usted pueda seguir ocupándose de un problema que identificó el día 2. Utilice copias del formulario para orar por problemas que se presenten en el futuro.

GUÍA PARA ORAR CON FE
¿Qué creo que hará Dios con respecto a mi problema?

____

¿Acepto la promesa de Dios como una seguridad que emana de Él? ❑ Sí ❑ No

Primera Juan 5:14-15 dice que podemos tener la seguridad de que, si pedimos conforme a la voluntad de Él, Él nos oye. Podemos confiar en la Palabra de Dios con respecto a ese asunto, y podemos aceptarla, no debido a señales, sino por fe. Dios responderá cuando los creyentes pidan conforme a la voluntad de Él. Cuando el Espíritu Santo combina en su vida la verdad y la fe, usted recibirá la respuesta a su pedido.

Orar con fe afirmándose en la Palabra de Dios no es un concepto nuevo. Desde tiempos bíblicos hubo personas de fe que dieron esos pasos. Lea los pasajes bíblicos del margen. Daniel oró para que la ira de Dios se apartara de Jerusalén y se restaurara el desolado santuario. Oró porque leyó que Jeremías había escrito que Dios regresaría a su pueblo del exilio después de 70 años. Pasados 68 años no había señal de que Dios cumpliría eso. Jesús oró para que se cumpliera la voluntad de Dios con respecto a su crucifixión. Sabía que las Escrituras debían cumplirse.

Haga un pedido específico para saber si se ha respondido o no. Comience a imaginarse el pedido como si ya se hubiera otorgado. Viva en el gozo de la certeza que Dios nos da en su Palabra. Memorice y repita la Palabra que Dios le reveló. Afiance en usted esa certeza cada vez que surjan dudas. Confíe en lo que Dios le ha revelado en su Palabra, en lugar de su propio parecer o esperanzas.

Deténgase y haga la siguiente oración o una similar: "Padre, acepto tu Palabra por fe. Creo que tú proporcionarás una respuesta para mi problema y te alabo desde ahora, a pesar de que no conozco los detalles específicos de cómo haz de responderme. Reclamo la promesa de este versículo, ____________________, como tu Palabra revelada a mí, y te doy gracias por revelarme tu Palabra. Amén".

PASO 6: PROCEDER SEGÚN EL MENSAJE DE DIOS.

Queda un paso más para manifestarle su fe a Dios:

PARA MANIFESTARLE SU FE A DIOS

4. Pedir de acuerdo con la voluntad de Dios
5. Aceptar la voluntad de Dios por fe.
6. **Proceder según el mensaje de Dios para usted.**

Un tercer paso que debe dar para comunicarle su fe a Dios es proceder según su Palabra. Después de haber orado con fe, usted procede aunque no pueda ver la respuesta a su pedido. Muchos de nosotros queremos depender de nuestro sentido físico o del intelecto.

A menudo Jesús instruía a las personas a hacer algo como evidencia de su fe antes de responder a su pedido. Lea Juan 9:7 y Lucas 17:14. La esencia de proceder por fe es creer a Dios y lo que Él nos comunica a través de su objetiva Palabra y la aplicación subjetiva del Espíritu Santo. Luego procedemos porque sabemos que esa es la verdad, incluso cuando nuestros sentidos físicos nos digan que no lo es. Al orar con fe, usted comienza a proceder como si ya supiera lo que va a pasar.

Siga la guía en la página 64, y medite esta semana en los versículos para memorizar: 1 Juan 5:14-15, que aparecen en el margen. A continuación se incluyen varios de los posibles significados de las palabras griegas que se escogieron al escribir el Nuevo Testamento. En el texto del margen subraye las palabras que le den razones para proceder por fe afirmándose en la Palabra de Dios para su necesidad.

Repase los versículos que memorizó en las semanas anteriores.

En el año primero de su reinado, yo Daniel miré atentamente en los libros el número de los años de que habló Jehová al profeta Jeremías, que habían de cumplirse las desolaciones de Jerusalén en setenta años. Y volví mi rostro a Dios el Señor, buscándole en oración y ruego, en ayuno, cilicio y ceniza[...]
Oh Señor, conforme a todos tus actos de justicia, apártese ahora tu ira y tu furor de sobre tu ciudad Jerusalén, tu santo monte; porque a causa de nuestros pecados, y por la maldad de nuestros padres, Jerusalén y tu pueblo son el oprobio de todos en derredor nuestro. Ahora pues, Dios nuestro, oye la oración de tu siervo, y sus ruegos; y haz que tu rostro resplandezca sobre su santuario asolado, por amor del Señor" (Daniel 9:2-3, 16-17).

Entonces Jesús les dijo: Mi alma está muy triste, hasta la muerte; quedaos aquí, y velad conmigo. Yendo un poco adelante, se postró sobre su rostro, orando y diciendo: Padre mío, si es posible, pase de mí esta copa; pero no sea como yo quiero, sino como tú (Mateo 26:38-39).

¿Acaso piensas que no puedo ahora orar a mi Padre, y que él no me daría más de doce legiones de ángeles? ¿Pero cómo entonces se cumplirían las Escrituras, de que es necesario que así se haga? (Mateo 26:53-54).

[...]y le dijo: Ve a lavarte en el estanque de Siloé (que traducido es, Enviado). Fue entonces, y se lavó, y regresó viendo (Juan 9:7).

Cuando él los vio, les dijo: Id, mostraos a los sacerdotes. Y aconteció que mientras iban, fueron limpiados (Lucas 17:14).

Y esta es la confianza que tenemos en él, que si pedimos alguna cosa conforme a su voluntad, él nos oye. Y si sabemos que él nos oye en cualquiera cosa que pidamos, sabemos que tenemos las peticiones que le hayamos hecho (1 Juan 5:14-15).

Ahora responderá a las preguntas finales del formulario titulado "Orar con fe". Al responder, considere las siguientes sugerencias:

- Si la respuesta a la oración es obvia, escríbala.
- Si la respuesta se demora, crea fielmente en la oración (ver Romanos 4:18-21).
- Si la respuesta no llega en la manera que usted esperaba, use el formulario "Orar con fe" (página 139) para repetir el proceso a fin de obtener mayor orientación.
- Cuando esté convencido de que Dios ha respondido a su oración de manera diferente a lo pedido, acéptelo así.
- Mantenga un registro de las respuestas de Dios a sus oraciones. Observe cómo crece su fe. Por ejemplo, a veces Dios permite que lleguen a nuestra vida ciertos problemas para aumentarnos nuestra confianza y fe en Él. Cuando suceda algo así ore para que el Señor le enseñe mediante esa experiencia a fin de saber mejor cómo andar por fe en el Espíritu.

La siguiente sección titulada "Guía para orar con fe" utiliza elementos del formulario denominado "Orar con fe" (página 139) para que usted pueda seguir ocupándose de un problema que identificó en el día 2. Utilice copias del formulario para orar por problemas que se presenten en el futuro.

GUÍA PARA ORAR CON FE

En base al mensaje que recibo de Dios, ¿qué medida(s) tomaré?

____

Como respuesta a mi oración en fe, ¿qué medida(s) tomó Dios?

____

¿Qué más necesito hacer?

____

Usted demuestra plena fe cuando procede de acuerdo a lo que cree.

Ahora ponga en práctica dichas medidas. Usted demuestra plena fe cuando procede de acuerdo con lo que cree. Dios se deleita en responder a las oraciones de los fieles siervos que creen en Él.

Para repasar, escriba los seis pasos para orar con fe.

Dios me revela la verdad:

1. ______________________________________

2. ______________________________________

3. ______________________________________

Yo le manifiesto fe a Dios:

4. ______________________________

5. ______________________________

6. ______________________________

CÓMO DEMOLER FORTALEZAS ESPIRITUALES PERSONALES

El día 1 usted identificó una fortaleza que deseaba destruir en el área de los rituales religiosos. Presente hoy un informe de sus adelantos acerca del arma(s) espiritual(es) que ha usado.

Cómo he usado (un) arma(s) espiritual(es) para destruir la fortaleza de mis rituales religiosos:

____

VÍSTASE CON LA ARMADURA ESPIRITUAL

Siga estudiando la importancia de tomar el Escudo de la fe. Repase los tres pasos para sujetar el Escudo de la fe en la página 72.

Concéntrese ahora en el tercer paso para sujetar el Escudo de la fe. Deténgase y ore. Pídale a Dios que lo ayude a sujetar el Escudo de la fe cuando Satanás le lance los dardos que lo harían dudar. Proceda por fe y no por temor.

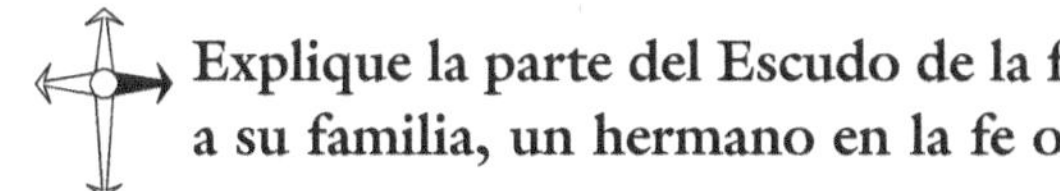

Explique la parte del Escudo de la fe de la armadura de la fe a su familia, un hermano en la fe o un grupo de personas.

Muchas personas no conocen la fuente de la fe.

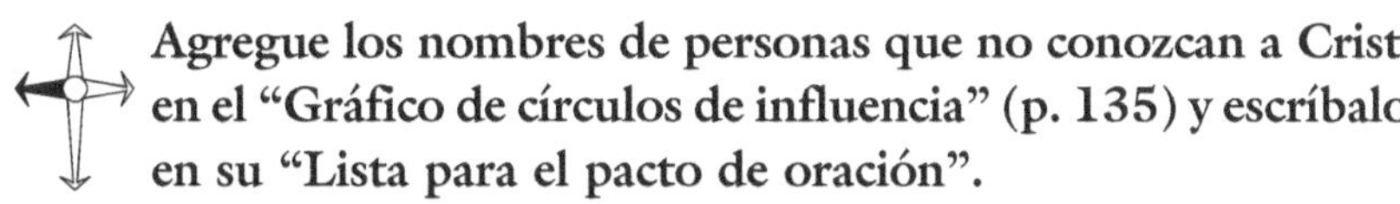

Agregue los nombres de personas que no conozcan a Cristo en el "Gráfico de círculos de influencia" (p. 135) y escríbalos en su "Lista para el pacto de oración".

Busque oportunidades para usar un cuaderno de testimonio o algún otro elemento de testimonio para presentarle el Evangelio a alguien. He aquí más sugerencias para hacerlo.

- **Pregunte: "¿Me prestaría atención mientras leo algo que realmente ha beneficiado mi vida?"**
- **Mientras lee, deténgase de tanto en tanto y deje que el oyente participe en lo que usted lee. Formule preguntas que no intimiden a la persona. Por ejemplo: "¿Alguna vez experimentó algo como lo que describe el cuaderno?" o bien "¿Alguna vez se hizo estas preguntas que describe el cuaderno?"**
- **Para mantener la atención de la persona, pídale que lea algunos de los versículos que menciona el cuaderno en lugar de leerlos todos usted mismo.**

Busque oportunidades para presentarle el Evangelio a alguien.

Hoy medite en 1 Juan 5:14-15 durante su devocional. Siga la guía de las páginas 64-65.

Escriba al margen una lista de problemas o motivos de oración por los que está buscando la dirección de Dios a través de su Palabra.

Haga copias del formulario denominado "Orar con fe" (página 139). Anote los problemas que escribió anteriormente a fin de comenzar a orar por ellos mientras responde a las preguntas del formulario durante las dos semanas siguientes.

¿QUÉ EXPERIENCIA TUVO ESTA SEMANA?

Repase la sección "Mi andar con el Maestro en esta semana" al comienzo del material para esta semana. Marque las actividades que haya completado con una línea vertical en el diamante. Termine toda actividad incompleta. Piense qué dirá durante la sesión de grupo acerca de su trabajo en tales actividades.

Marque los conceptos siguientes que lo describan a usted:

- ❑ **Dios quiere que yo permanezca unido a su Palabra para poder discernir su voluntad.**
- ❑ **Dios realmente desea responder a las oraciones mías que se conforman a su voluntad.**
- ❑ **A través del Espíritu Santo, la Palabra de Dios se vuelve dinámica, viva y activa para dirigir mi vida.**
- ❑ **Dios se interesa en revelarme sus deseos con respecto a asuntos cotidianos de mi vida.**
- ❑ **Cuando ore con fe, Dios me mostrará sus respuestas a mis problemas.**
- ❑ **Cuando ore con fe, Dios me dará la victoria sobre los ataques de Satanás.**

Dios anhela entregar buenos dones a los hijos suyos que oran afirmándose en su Palabra.

Al concluir su estudio de "Orar con fe", espero que esté profundizando la Palabra de Dios para encontrar las preciosas promesas que le aguardan. Espero que ahora haya tomado mayor conciencia del anhelo de Dios por entregar buenos dones a los hijos suyos que oran afirmándose en su Palabra. Espero que el estudio de esta semana haya comenzado a revolucionar su vida de oración y que lo haya alentado a confiar más en la oración para vivir victoriosamente cuando Satanás ataque.

---

1. *First Place: A Christ-Centered Health Program* y la serie LIFE Support de supervivencia espiritual pueden conseguirse en el Centro de servicio al cliente de la Junta de Escuelas Dominicales: One LifeWay Plaza, Nashville, Tennessee 37234, E.U.A. (en E.U.A. llamar al 1-800-458-2772), en librerías bautistas y en las LifeWay Christian Stores.
2. *Guide to Meditation Steps* © Copyright Waylon Moore.

SEMANA 5

Mirar a Jesús

La meta de esta semana

Podrá escribir el propósito y las metas de su vida.

Mi andar con el Maestro en esta semana

Completará las siguientes actividades para desarrollar las seis disciplinas bíblicas. Cuando haya completado cada actividad trace una línea vertical en el diamante que hay junto a la actividad.

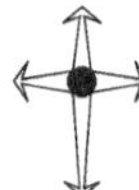

DEDICARLE TIEMPO AL MAESTRO

◇ Tenga un tiempo devocional cada día. Marque los días en que tenga su devocional: ❑ Domingo ❑ Lunes ❑ Martes ❑ Miércoles ❑ Jueves ❑ Viernes ❑ Sábado

VIVIR EN LA PALABRA

◇ Lea su Biblia diariamente. Escriba qué le dice Dios y qué le dice usted a Él.
◇ Memorice Efesios 6:18.
◇ Repase 1 Juan 4:4, 2 Timoteo 3:16-17, Salmos 1:2-3 y 1 Juan 5:14-15.
◇ Siga aprendiendo la presentación titulada "La palabra de Dios en la mano".

ORAR CON FE

◇ Durante su período de oración, use la sección "Guía a la intercesión".
◇ Comience a llevar un diario de oración personal.

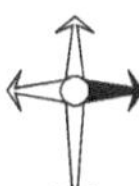

TENER COMUNIÓN CON LOS CREYENTES

◇ Cada día de esta semana, demuéstrele a alguien el amor de Dios.
◇ Explíquele a otro creyente la parte del "calzado del evangelio" de la Armadura espiritual.
◇ Seleccione un nivel de la presentación titulada "La palabra de Dios en la mano" y explíquela a un familiar o un hermano en la fe.

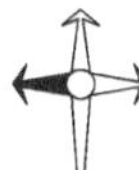

TESTIFICAR AL MUNDO

◇ Lea la sección titulada "Extienda su círculo de testimonio".
◇ En la "Tabla de mi testimonio a quienes me rodean" agregue nombres de personas inconversas.

MINISTRAR A OTROS

◇ Aprenda la parte del "calzado del evangelio" de la Armadura espiritual.

Versículo para memorizar esta semana

Orando en todo tiempo, con toda oración y súplica en el Espíritu, y velando en ello con toda perseverancia y súplica por todos los santos (Efesios 6:18).

DÍA 1

Su visión panorámica

Defina el propósito y las metas para su vida para que cuando se halle en medio de la batalla, Satanás no lo distraiga de lo que Dios desea para usted.

Cuando usted está en guerra debe mantener una visión panorámica de lo que quiere lograr. Tenemos una gran batalla contra Satanás. Usted debe saber bien cuál es el propósito de su vida si va a ser parte del propósito de Dios. Defina el propósito y las metas para su vida para que cuando se halle en medio de la batalla, Satanás no lo distraiga de lo que Dios desea para usted.

LA IMPORTANCIA DE MANTENERSE CONCENTRADO

La experiencia de Jesús en el desierto puso en claro el propósito de su vida. Había acabado de bautizarse y oyó a Juan llamarlo "el Cordero de Dios, que quita el pecado del mundo" (Juan 1:29). El Padre había dicho: "Este es mi Hijo amado, en quien tengo complacencia" (Mateo 3:17). En el desierto Jesús encaró el hecho de que Él tenía el poder para hacer todo lo que Satanás le había pedido que hiciera para tentarlo. Sin embargo, eligió hacer las cosas como el Padre quería.

Cuando esté en medio de una lucha usted debe saber cuál es su propósito en la vida. Dios usa su Palabra para enseñarle el propósito y las metas que tiene para su vida. Cuando tenía veinte años, Dios me dio un pasaje, en Salmos 71:17-18. A pesar de que en ese momento no alcancé a comprenderlo plenamente, sentí que era la meta que Dios quería para mi vida. Este pasaje dice:

Oh Dios, me enseñaste desde mi juventud,
Y hasta ahora he manifestado tus maravillas.
Aún en la vejez y las canas, oh Dios, no me desampares,
Hasta que anuncie tu poder a la posteridad,
Y tu potencia a todos los que han de venir.

El propósito y las metas de un creyente deben centrarse en Cristo.

Me he aferrado a estos versículos por el resto de mi vida, y le he pedido al Señor que no me abandone hasta que le demuestre su fortaleza a esta generación y su poder a la generación venidera. En aquel momento no entendía qué significaba aquel pasaje para mí, un pastor de una pequeña iglesia, mientras estaba en el seminario. Y aún hoy no entiendo todo su significado. Pero dichos versos me han mantenido concentrado en esto: mi vida es para glorificar a Dios y para que la gente de ahora y del futuro pueda conocerlo a Él. Desde el día en que fui salvo, siendo un niño, le he venido contando a la gente lo que Dios hizo para salvarme. Esta ha sido una marcada característica en mi ministerio, decirle a otros acerca de las cosas maravillosas que Dios hace.

Quien nada se propone, nada logra. La Biblia dice: "Sin profecía el pueblo se desenfrena" (Proverbios 29:18). Los más grandes logros son los que se consiguen cuando la persona tiene una visión, o un propósito en la vida. El propósito y las metas de un creyente deben centrarse en Cristo.

El estudio de esta semana lo ayudará a determinar el propósito y metas de acuerdo a los planes que Dios desea para su vida a pesar de la batalla espiritual. Cuando finalice la semana será capaz de:

- definir el *propósito y las metas en la vida*, y explicar la diferencia;
- identificar el propósito y las metas de Cristo;
- escribir el propósito y las metas de su vida;
- determinar la prioridad de las metas de su vida;
- comprometerse a lograr las metas para su vida a pesar de la oposición que Satanás le presente.

Entre tanto, los discípulos le rogaban, diciendo: Rabí, come. Él les dijo: Yo tengo una comida que comer, que vosotros no sabéis. Entonces los discípulos decían unos a otros: ¿Le habrá traído alguien de comer? Jesús le dijo: Mi comida es que haga la voluntad del que me envió, y que acabe su obra (Juan 4:31-34).

____

____

____

DESCUBRA EL PROPÓSITO DE SU VIDA

Una de las bendiciones de ser un creyente en Cristo es que tenemos un propósito para vivir. Sin Cristo la vida parece las piezas de un rompecabezas. Las piezas no encajan cuando no tenemos la visión del producto final. La visión panorámica de la vida del creyente debe provenir de Dios y asemejarse a Cristo. En Él descubrimos el significado de nuestras vidas. Escribalo al margen.

Lea Juan 4:31-34 en el margen. ¿Cuál fue el propósito que Cristo mencionó para su vida? Escribalo al margen.

Jesús realizó la obra de Dios en completa obediencia. Nada fue más importante para Él que hacer la voluntad de Dios y finalizar la obra que se le había asignado.

> El propósito de la vida es tener una visión panorámica de lo que desea lograr en la vida. Esto lo ayuda a encaminar las actividades de cada día y a determinar sus prioridades.

Algunas personas pasan la vida tratando de tener éxito. Otros buscan la riqueza o la fama. Otros, vanamente, tratan de hallar la felicidad, el amor y la seguridad por medio de las relaciones con otras personas. La declaración de Westminster dice que el principal fin de las personas es glorificar a Dios y gozarse en Él para siempre.

Un escriba le pidió a Jesús que resumiera cuál era la responsabilidad de la humanidad. La respuesta de Jesús destacó dos propósitos en la vida.

Jesús le respondió: El primer mandamiento de todos es: Oye, Israel; el Señor nuestro Dios, el Señor uno es. Y amarás al Señor tu Dios con todo tu corazón, y con toda tu alma, y con toda tu mente y con todas tus fuerzas. Este es el principal mandamiento. Y el segundo es semejante: Amarás a tu prójimo como a ti mismo. No hay otro mandamiento mayor que éstos (Marcos 12:29-31).

Lea Marcos 12:29-31 en el margen y subraye los dos propósitos que Jesús mencionó.

El propósito de su vida, ¿tiene alguna relación con el primer mandamiento de amar a Dios con todo su corazón, su alma, su mente y sus fuerzas? ❑ Sí ❑ No

Escriba el propósito de su vida en relación a Dios.

___

El segundo mandamiento de Jesús le da otra pauta para determinar el propósito de su vida: ama a los demás como te amas a ti mismo. El amor hacia los demás sólo es precedido por el amor a Dios. El propósito de su vida debe estar relacionado a estos dos mandamientos sin tener en cuenta cuál sea su trabajo, oficio o profesión. Todo lo que usted haga debe glorificar a Dios (véase 1 Corintios 10:31; Colosenses 3:17; 1 Pedro 4:11).

Escriba el propósito de su vida en relación a los demás.

___

No os hagáis tesoros en la tierra, donde la polilla y el orín corrompen, y donde ladrones minan y hurtan; sino haceos tesoros en el cielo, donde ni la polilla ni el orín corrompen, y donde ladrones no minan ni hurtan. Porque donde esté vuestro tesoro, allí estará también vuestro corazón. Ninguno puede servir a dos señores; porque o aborrecerá al uno y amará al otro, o estimará al uno y menospreciará al otro. No podéis servir a Dios y a las riquezas. Por tanto os digo: No os afanéis por vuestra vida, que habéis de comer o qué habéis de beber; ni por vuestro cuerpo, qué habéis de vestir. ¿No es la vida más que el alimento, y el cuerpo más que el vestido? Mirad las aves del cielo, que no siembran, ni siegan, ni recogen en graneros; y vuestro Padre celestial las alimenta. ¿No valéis vosotros mucho más que ellas? Mas buscad primeramente el reino de Dios y su justicia, y todas estas cosas os serán añadidas (Mateo 6:19-21, 24-26, 33).

El versículo bíblico para memorizar en esta semana está en Efesios 6:18 y dice cómo determinar el propósito de su vida. Vuelva a la página 83 y lea este versículo en voz alta. ¿Cuál es una manera de conocer el propósito que Dios tiene para usted?

___

Dios quiere revelarle la meta que Él desea para usted. Por medio de la oración, Él lo escuchará y le responderá.

CÓMO DEMOLER LAS FORTALEZAS ESPIRITUALES PERSONALES

Dios quiere liberarlo de las fortalezas espirituales del maligno y le da los medios para vencerlas. Hasta ahora ha estudiado las fortalezas de la amargura, la lengua, la lascivia y los ritos religiosos. Hoy estudiaremos la codicia o avaricia en su vida y consideraremos en oración la manera cómo el Señor quiere guiarlo para deshacerse de ello.

Lea los versículos del margen referentes a este tema. La codicia y la avaricia es un intenso deseo de poseer algo o alguien que pertenece a otra persona, o tratar de obtener más de lo que necesita. Este deseo nace del egoísmo codicioso y de la actitud arrogante de ignorar la ley de Dios.

Después de leer los versículos bíblicos, describa un área de avaricia o codicia en su vida que debe ser demolida. Lo que debe hacer para lograrlo y las armas espirituales que se deben usar para demolerla. Más adelante podrá comprobar su progreso. He aquí un ejemplo.

Fortaleza espiritual a demoler: Gastar demasiado tiempo comprando, adquiriendo posesiones en forma desmedida, o ambicionar tenerlas y no tener suficiente tiempo para estudiar la Palabra de Dios.

Qué debo hacer para demolerla: Comprar sólo lo esencial; pasar más tiempo desarrollando mi vida espiritual

Arma(s) espiritual(es) que se usará(n): La Espada del Espíritu le recordará la necesidad de acumular tesoros en el cielo en lugar de en la tierra. La Coraza de justicia le dará la protección de Dios para ayudarlo a vivir correctamente y a poner sus prioridades en orden. El Escudo de la fe lo ayudará a creer que Dios satisface sus necesidades.

Ahora experiméntelo usted.

Fortaleza espiritual a demoler: ______________________________

Qué debo hacer para demolerla: ______________________________

Arma(s) espiritual(es) que se usará(n):______________________

Comience a prepararse para el taller de oración que vendrá después de la semana 6. Confeccione su diario personal de oración. Los siguientes materiales le dirán cómo hacerlo:

CÓMO DESARROLLAR SU DIARIO PERSONAL DE ORACIÓN

Personalice su diario. Este artículo le sugiere que copie algunos temas en este libro y en los libros 1 y 2. Sería aconsejable que usara una carpeta de 8 1/2 x 11 pulgadas para que luego pueda colocar las hojas en la categoría que corresponda. Aunque copie porciones del texto de cualquiera de los libros de *Vida discipular* 1, 2 ó 3, lleve al taller de oración los libros para poder referirse a la Guía diaria de comunión con el Maestro.

Propósitos de tener un diario de oración personal

1. Ayudarlo a organizar su vida personal y su vida de oración
2. Darle lo necesario para ministrar a otros mediante la oración
3. Recordarle los motivos por los que está orando
4. Capacitarlo para que evalúe su crecimiento espiritual

Significado de tener un diario de oración personal

1. *Diario* significa que es una guía y archivo de su comunicación con el Señor.
2. *Oración* significa que debe mantenerse regularmente en contacto con Dios por medio de la oración, y no orar por hábito.
3. *Personal* significa que debe diseñar y usar su diario personal de manera tal que se acomode a sus necesidades y personalidad.

Diseñe y use su diario personal de manera tal que se acomode a sus necesidades y personalidad.

Tal vez más adelante desee organizar las categorías que tiene en su lista de acuerdo a la frecuencia con que usted ore por los diferentes motivos.

Organice su diario de oración personal

1. Prepare tres divisiones principales en su cuaderno:
   a. Recursos para la oración
   b. Listas de oración
   c. Guía personal
2. *Recursos para la oración.* En esta sección agregue las copias de sus notas sobre los recursos de oración que ha estudiado en *Vida discipular.* Más adelante agregará otros.
   a. La cruz del discípulo, libro 1
   b. La lista para el pacto de oración (actualizada), libros 1, 2 y 3
   c. La personalidad del discípulo, libro 2
   d. Los principios de la oración conversacional, libro 2
   e. Semanas 2 y 4, libro 3
   f. Gráfico de círculos de influencia, libro 3
   g. La armadura espiritual, libro 3
   h. La guía a la acción de gracias, libro 3
   i. La guía a la alabanza, libro 3
   j. La guía a la confesión y el perdón, libro 3
   k. La guía para orar con fe, libro 3
   l. La guía a la intercesión, libro 3
   m. La guía para la oración extendida, libro 3
3. *Listas de oración.* Haga dos divisiones: categorías y calendario
   a. *Categorías.* Prepare en hojas para cada una de las categorías y colóquelas a continuación de esta división. Tal vez quiera agregar otras categorías. Asegúrese de agregar copias en blanco de la Lista para el pacto de oración. Incluya la que está usando en este momento, y su Gráfico de círculos de influencia como las bases para determinar los objetivos que tendrá en cada una de las categorías.
      - miembros de la familia
      - parientes
      - amigos más cercanos
      - compañeros de trabajo
      - autoridades
      - misioneros
      - líderes de la iglesia
      - discípulos
      - países

   b. *Calendario.* Tal vez más adelante desee organizar las categorías de acuerdo a la frecuencia en que ora por los diferentes motivos. Puede agregarlas a la lista precedente o prepárelas en páginas separadas.

- *Lista de oración diaria.* Incluya las personas y los temas por los que orará cada día, tales como su vida personal y familiar etc.
- *Lista de oración semanal.* Arregle las listas en la subdivisión por categorías para orar por una diferente cada día.
- *Lista de oración mensual:* Pase medio día o un día en oración cada mes y repase su lista y las respuestas.
- *Lista de oración anual.* Haga una lista mencionando el propósito de su vida, sus metas anuales y los motivos por los cuales ora solamente una vez al año, tales como actividades especiales de la iglesia o de su denominación.

4. *Guía personal.* En esta división ponga las siguientes listas en donde aprenderá a preparar el estudio de esta semana.
   a. *El propósito de su vida.*
   b. *Las metas de su vida.*
   c. *Las metas de cada mes.* Confeccione estas listas durante su tiempo mensual de oración. Las metas establecidas deben ser específicas y contribuir al logro de sus objectivos en la vida.
   d. *Las metas semanales.* Desarrolle esta lista durante la semana en que planee la sesión. Este es un ejemplo:
      - Uso 10 minutos para leer y marcar la Biblia
      - Memorizo un versículo nuevo cada semana
      - Realizo ejercicios físicos tres veces por semana
      - Tengo un estudio bíblico semanal de una hora
      - Le testifico a una persona cada semana
      - Tomo nota de los sermones cada semana
      - Tengo medio día de oración cada mes

      Escriba las metas semanales en una tabla como la que está en la página 143. Puede anotar el tiempo que pasó en cada una o marcar las que ya completó. Escriba la fecha para cada día en una línea diferente. Al final de cada día llene las actividades que ha hecho. Por ejemplo, el medio día de oración que tiene cada mes se llenará solamente cuando haya completado dicha actividad.

Use su diario personal de oración

1. Comience donde está y continúelo.
2. Use su diario personal de oración cada día.
   a. Ore por las personas en su lista diaria de oración.
   b. Ore por los motivos que ha mencionado ese día.

c. Marque la Guía personal cada día.

3. Planee tener medio día de oración por mes.
4. Planee tener una evaluación anual.
5. Continúe desarrollando su diario personal de oración a su gusto.

Hoy lea Salmos 119:121-128 durante su devocional. Permita que Dios le hable por medio de este pasaje. Luego complete la guía diaria de comunión con el Maestro.

DÍA 2

De acuerdo con la voluntad de Dios

En nuestro primer descanso como misioneros en Indonesia, Dios me reveló por medio de la oración y de la Escritura que quería que formara parte del personal que llevaba adelante el ministerio del

GUÍA DIARIA DE COMUNIÓN CON EL MAESTRO

SALMOS 119:121-128

Qué me dijo Dios:

____

____

____

____

____

____

____

____

Qué le dije yo a Dios:

____

____

____

____

____

____

____

____

____

____

Tuve que esperar 15 años hasta que Dios me preparara.

discipulado. En este trabajo podía desarrollar los cursos de *Vida Discipular* que prepararía al pueblo de Dios para servirlo a Él y continuar su misión en todas partes del mundo. Mientras me preparaba para entrevistarme con los encargados de la casa de publicaciones, Dios puso en mi corazón Éxodo 18:14-27 en donde Moisés recibió un consejo muy útil de parte de su suegro Jetro. Cuando leí los versículos 19 al 21, sentí que Dios me estaba hablando a mí, y comencé a considerar cómo.

Lo primero que me mostró en el versículo 19 fue: "Oye ahora mi voz; yo te aconsejaré, y Dios estará contigo. Está tú por el pueblo delante de Dios, y somete tú los asuntos a Dios". Sentí que Dios me estaba diciendo que debía ser un intercesor para su pueblo y traer todos los problemas y asuntos delante de Él.

La segunda enseñanza fue más fácil de aprender porque se relacionaba con lo que esperaba experimentar en *Vida discipular*. El versículo 20 dice: "Y enseña a ellos las ordenanzas y las leyes, y muéstrales el camino por donde deben andar, y lo que han de hacer". "Enseñar" y "demostrar" es discipular. "La manera de vivir y los hechos" son los temas del discipulado y el ministerio.

El tercer punto me confundió. A Moisés se le pidió que seleccionara personas que pudieran gobernar grupos de mil, cien, cincuenta y diez. Aunque yo estaría supervisando a algunas personas en esta nueva tarea, de ninguna manera era posible compararlo con lo que decía la Escritura. Durante 15 años me pregunté si se habría referido a la numerosa cantidad de líderes e instructores que *Vida discipular* tendría. Y hasta me preguntaba si Dios tenía algo más para mí.

Si permanecemos fieles a Él, Él nos demostrará cómo quiere llevar a cabo su propósito en nosotros.

El resultado de este examen fue esperar quince años mientras Dios me preparaba y me guiaba para ocupar mi presente puesto con la Junta de Misiones Internacionales. Mi principal responsabilidad es guiar el trabajo de más de 4,000 misioneros y 15,000 voluntarios que cada año trabajan en diferentes partes del mundo y esto lo hago trabajando con 10 directores de área. Cada director trabaja con 400 ó 500 misioneros en 30 misiones. Están organizados en estaciones locales o en niveles similares a la estructura usada en los tiempos de Moisés.

A menudo no entendemos qué quiere Dios que hagamos con nuestras vidas cuando nos comienza a usar. Pero si permanecemos fiel, Él nos demostrará cómo quiere realizar su propósito en nosotros. Muchas veces Él nos amplía nuestra visión de acuerdo a lo que Él está planeando valiéndose de la Escritura que pone en nuestros corazones.

El Señor no retarda su promesa, según algunos la tienen por tardanza, sino que es paciente para con nosotros, no queriendo que ninguno perezca, sino que todos procedan al arrepentimiento (2 Pedro 3:9).

Porque esto es bueno y agradable delante de Dios nuestro Salvador, el cual quiere que todos los hombres sean salvos y vengan al conocimiento de la verdad (1 Timoteo 2:3-4).

Pues la voluntad de Dios es vuestra santificación (1 Tesalonicenses 4:3).

FIJEMOS LA META DE LA VIDA

Muchas personas hablan de descubrir la voluntad de Dios en sus vidas. Dios dice que su voluntad es traer el mundo a Él. Esto incluye la salvación y la santificación para todos los que lo acepten.

Lea 2 Pedro 3:9, 1 Timoteo 2:3-4, y 1 Tesalonicenses 4:3 en el margen. Subraye en cada versículo las palabras que mencionan la revelación de la voluntad de Dios a nosotros.

Usted no tiene que descubrir el panorama de todos los aspectos de la voluntad de Dios. Él los ha revelado. El propósito de su vida debe relacionarse con la salvación del mundo y la santificación del pueblo de Dios. Después que establezca el propósito de su vida, puede concentrarse en las metas pidiéndole a Dios que le muestre la mejor manera de llevar a cabo su voluntad divina en las decisiones referentes a su matrimonio, ocupación y demás áreas de su vida.

> El propósito de su vida es una visión panorámica de la meta que alcanzará a lo largo de la misma. Le brinda una guía para las actividades de cada día y determina sus prioridades. Sin embargo, una meta en su vida es un objetivo específico para un área importante de su vida. Al alcanzarlas logra el propósito de su vida.

Lea las siguientes decisiones y escriba la palabra *propósito* al lado de aquellas que se relacionan con el propósito de la vida y escriba *meta* al lado de los pasos que hay que dar para lograr las metas de la vida.

______________ **1. Elegir una buena vocación**
______________ **2. Casarse con un creyente**
______________ **3. Vivir para glorificar a Dios**
______________ **4. Ayudar a personas necesitadas**
______________ **5. Usar mi hogar como una base para el ministerio**
______________ **6. Aceptarme a mí mismo tal como Dios me acepta**

Un propósito es algo que va paralelo a la revelación de la voluntad de Dios; las metas representan los caminos para cumplir la voluntad de Dios. Los puntos 3 y 4 se relacionan con el propósito de la vida y los puntos 1,2,5 y 6 se relacionan con las metas.

Marcos 12:29-31, que leyó el día 1, ilustra el propósito de la vida del creyente. Si ama a Dios, usted quiere ser como Él. Quiere lograr sus propósitos divinos. Si ama a los que lo rodean, usted quiere para ellos todo lo que Dios tiene para darles, incluyendo la vida eterna.

Si ama a Dios, usted querrá ser como Él y deseará cumplir con sus propósitos.

¿Puede recordar del día 1 los dos propósitos esenciales para la vida de un creyente que se encuentran en Marcos 12:29-31? Mire estos versículos en la página 85 si necesita refrescar su memoria.

____

____

Estos propósitos son objetivos generales sobre los cuales puede edificar su vida. Para cumplir con los propósitos de Dios es necesario tener metas intermedias que lo lleven al objetivo final. Usted necesita metas y creencias firmes acerca de lo que Dios quiere para usted, y de la manera en que obrando por fe logra sus propósitos divinos.

Usted necesita metas y creencias firmes acerca de lo que Dios quiere para usted, y de la manera en que obrando por fe logra sus propósitos divinos.

Los propósitos en la vida de Jesús fueron glorificar al Padre y llevar a cabo el plan de Dios para redimir a la humanidad. Para lograrlo, estableció metas en su vida. El pasaje de Juan 17 las describe de esta manera:

- revelar la voluntad del Padre:
- reconciliar al mundo con Dios;
- discipular a los que realizarían la obra que el Padre le encomendaría.

¿Qué relación existe entre el propósito y las metas de la vida?

____

Las metas personales lo guían para lograr el propósito de su vida.

Efesios 6:18, el versículo para memorizar esta semana, nos dice que "oremos en todo tiempo y con toda súplica". ¿Cree usted que este versículo también se aplica para que Dios le revele las metas en su vida? ❑ Sí ❑ No Diga el versículo en voz alta de una a tres veces para que le recuerde dicha promesa.

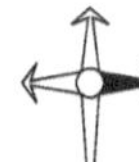

Marcos 12:29-31 menciona el amor hacia el prójimo. Esta semana muestre el amor de Dios a alguien.

Una de las metas de Jesús fue llevar a cabo el propósito de su Padre para redimir a la humanidad. ¿Es este su propósito? De ser así, el próximo elemento de la Armadura espiritual lo ayudará a lograr dicho propósito.

VÍSTASE CON LA ARMADURA ESPIRITUAL

El estudio de esta semana se basa en el calzado del evangelio como parte de la presentación de la armadura espiritual, pies capacitados con la prontitud o preparación que emana del evangelio de paz. Vuelva a las páginas 129-31 y repase la presentación de la armadura espiritual, ponga especial atención al calzado del soldado. Al finalizar este estudio será capaz de explicar la presentación completa con sus propias palabras.

Alístese antes que comience la batalla.

Imagínese con las sandalias del soldado en sus pies. La preparación del evangelio de paz significa que usted está listo para la batalla. Le recuerda que debe hacer tres cosas:

1. Estar preparado. Prepárese antes de que comience la batalla. Ore para que Dios lo prepare ante cualquier circunstancia.
2. Proclamar el evangelio. La prontitud que proviene del evangelio de paz significa que estará listo para proclamar el evangelio. Pídale a Dios que lo prepare para ser un testigo.
3. Interceder por los perdidos. Debe estar preparado para atacar al enemigo por medio de la oración y el testimonio. Pablo fue un testigo muy eficaz debido a que oró por los perdidos (ver Romanos 10:1). Ore por sus amigos que no conocen al Señor y que ya anotó en su lista de oración. Imagínese el mapa del mundo, con todos sus países y con los millones de personas perdidas que hay en él, y ore por su salvación.

Concéntrese en el primero de los tres puntos mencionados. Deténgase y pídale a Dios que lo prepare para cualquier batalla que tenga que enfrentar hoy.

LA PALABRA DE DIOS EN LA MANO

En las dos semanas previas aprendió a aferrarse a la Palabra de Dios mientras sostiene la espada del Espíritu. La Biblia usa diferentes ilustraciones que sugieren por qué es necesario aferrarse firmemente a la Palabra para poder aplicarla efectivamente.

Lea la sección "Nivel 3: Ilustración" (p. 134) en la presentación de La Palabra de Dios en la mano. Luego mencione los símbolos que se presentan. A medida que escriba cada uno, explique cómo se aferra usted a la Palabra.

1.____

2.____

3.____

4.____

Seleccione uno de los niveles de la presentación de la Palabra de Dios en la mano y explíquesela a un familiar o amigo creyente.

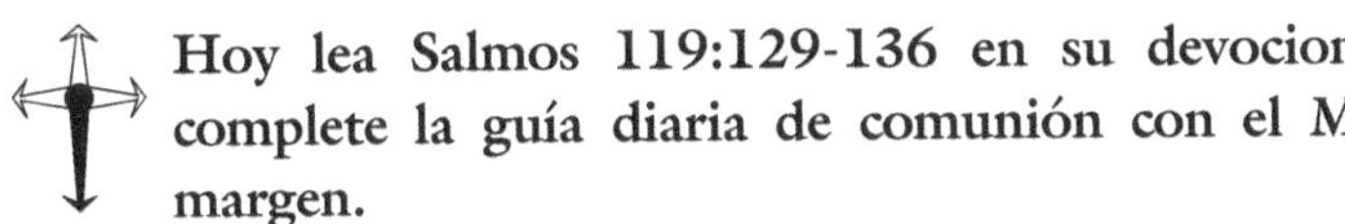

Hoy lea Salmos 119:129-136 en su devocional. Luego complete la guía diaria de comunión con el Maestro del margen.

DÍA 3

Cumpla los propósitos de Dios

Un relato en el Antiguo Testamento ilustra la importancia de tener propósitos y metas en la vida. Lea Josué 14:6-14 en el margen. Josué y Caleb son los dos espías que dieron un informe positivo en Números 13, mientras que los otros diez espías no creyeron que Dios podría derrotar a las personas que vivían en la tierra prometida.

A pesar de que Caleb tuvo que peregrinar durante 45 años después de que Israel rehusó conquistar Canaán, tenía un propósito que seguir. Tenía un monte que Dios quería que él le reclamara. Cuando entraron a la tierra prometida, Caleb dijo: Este es mi trabajo. Quiero el monte que Dios me prometió.

GUÍA DIARIA DE COMUNIÓN CON EL MAESTRO

SALMOS 119:129-136

Qué me dijo Dios:

____

____

____

____

____

____

____

____

Qué le dije yo a Dios:

____

____

____

____

____

____

____

____

____

____

Y los hijos de Judá vinieron a Josué en Gilgal; y Caleb, hijo de Jefone cenezeo, le dijo: Tú sabes que Jehová dijo a Moisés, varón de Dios, en Cades-barnea, tocante a mí y a ti. Yo era de edad de cuarenta años cuando Moisés siervo de Jehová me envió de Cades-barnea a reconocer la tierra: y yo le traje noticias como lo sentía en mi corazón. Y mis hermanos, los que habían subido conmigo, hicieron desfallecer el corazón del pueblo; pero yo cumplí siguiendo a Jehová mi Dios. Entonces Moisés juró diciendo: Ciertamente la tierra que holló tu pie será para ti, y para tus hijos en herencia perpetua, por cuanto cumpliste siguiendo a Jehová mi Dios. Ahora bien, Jehová me ha hecho vivir, como él dijo, estos cuarenta y cinco años, desde el tiempo que Jehová habló estas palabras a Moisés, cuando Israel andaba por el desierto; y ahora, he aquí, hoy soy de edad de ochenta y cinco años. Todavía estoy tan fuerte como el día que Moisés me envió; cual era mi fuerza entonces, tal es ahora mi fuerza para la guerra, y para salir y para entrar. Dame, pues, ahora este monte, del cual habló Jehová aquel día; porque tú oíste en aquel día que los anaceos están allí, y que hay ciudades grandes y fortificadas. Quizá Jehová estará conmigo, y los echaré, como Jehová ha dicho. Josué entonces le bendijo, y dio a Caleb hijo de Jefone a Hebrón por heredad. Por tanto, Hebrón vino a ser heredad de Caleb hijo de Jefone cenezeo, hasta

Empareje estas preguntas con las respuestas correspondientes:

___ 1. ¿Cuál fue el propósito de Caleb?
___ 2. ¿Cuál fue la meta específica de Caleb?
___ 3. ¿Cómo sabe usted que su meta había sido establecida por Dios?
___ 4. ¿Cuál fue la base de la fe de Caleb?
___ 5. ¿De qué manera esta meta se ajustaba al propósito de su vida?

a. Sin Dios aquella ciudad enemiga, fortificada e inmensa, no podría conquistarse.
b. Una promesa de Dios acerca de su meta en la vida.
c. Lograr la meta de su vida cumplió el propósito de su vida.
d. Seguir al Señor en todo.
e. Poseer la tierra como su herencia.

Caleb se había comprometido a seguir al Señor en todo. Ese era el propósito de su vida. Su meta era poseer la tierra prometida como su herencia. Dios se la había prometido por medio de Moisés. La meta era imposible de lograr sin la ayuda de Dios debido a que aquella ciudad enemiga, fortificada e inmensa, no podría conquistarse sin Dios. Posesionarse de Hebrón como herencia, glorificaba a Dios y demostraba la fidelidad de Caleb en seguir al Señor. Las respuestas correctas son: 1.d, 2.e, 3.a, 4.b, 5.c.

CARACTERÍSTICAS DE LAS METAS DE LA VIDA

Las metas de Caleb tenían tres características importantes que también deben caracterizar sus metas:

1. Las metas de la vida se las revela Dios, no las concibe usted.
2. Las metas de la vida son imposibles de lograr sin el poder de Dios.
3. Las metas ordenan su vida de forma tal que puede lograr su propósito en la vida.

Considere la primera característica: Las metas de la vida se las revela Dios, no las concibe usted. Lea Mateo 16:21-23 en el margen. Escriba una D al lado de una meta revelada por Dios, y escriba una H a la meta concebida por el hombre.

___ Jesús sufriría, moriría y resucitaría
___ Jesús permanecería con ellos como un rey terrenal.

Es obvio que los seguidores de Jesús concibieron sus propias ideas acerca de la dirección que debía tomar la vida del Señor. Querían que la meta del Él fuera quedarse con ellos y reinar en la tierra. Pero Jesús obraba de acuerdo a la meta que el Padre le revelaba, por lo tanto, debía morir y resucitar de los muertos. Esto también lo puede ver en la vida de Caleb, su meta provenía de Dios.

Considere la segunda característica: Las metas de la vida son imposibles de lograr sin el poder de Dios. Sólo el poder de Dios obrando en usted puede impulsarlo a lograr dichas metas. A los 85 años de edad

Caleb no habría podido conquistar, mediante sus fuerzas físicas, una tierra de gigantes. En Colosenses 1:28 Pablo menciona su meta en la vida: "Presentar perfecto en Cristo Jesús a todo hombre". En el próximo versículo, explica cómo lograrlo: "Para lo cual también trabajo, luchando según la potencia de él, la cual actúa poderosamente en mí" (Colosenses 1:29).

hoy, por cuanto había seguido cumplidamente a Jehová Dios de Israel (Josué 14:6-14).

¿Por qué cree que Dios desea ser la fuente de poder para lograr sus propósitos? Escríbalo al margen.

Dios quiere que dependamos de Él. Dios recibe la gloria al obrar a través suyo. Debido a nuestra naturaleza humana y pecadora estamos limitados en lo que hacemos. Usted no puede hacer la obra de Dios sin la ayuda divina. Él desea que su energía obre poderosamente en usted. Juan 15:5 nos dice que separados de Él nada podemos hacer.

Recuerde la tercera característica: Las metas ordenan su vida de manera que pueda lograr su propósito en la vida. ¿Qué cree usted que mantuvo firme a Caleb en su propósito durante 45 años mientras peregrinaba a causa de la desobediencia de los israelitas? Él podría haber dicho: "Dios, ¿por qué tengo que estar en el desierto con estos fracasados? Creo que hace tiempo que ya tú podías habernos guiado a la tierra prometida". Sin embargo, Caleb se mantuvo firme y fiel a las metas de su vida, se aferró a la promesa que Dios le había hecho, y estuvo listo para poseer la tierra prometida en el momento apropiado que Dios dispondría.

Desde entonces comenzó Jesús a declarar a sus discípulos que le era necesario ir a Jerusalén y padecer mucho de los ancianos, de los principales sacerdotes y de los escribas; y ser muerto, y resucitar al tercer día. Entonces Pedro, tomándolo aparte, comenzó a reconvenirle, diciendo: Señor, ten compasión de ti; en ninguna manera esto te acontezca. Pero él, volviéndose, dijo a Pedro: ¡Quítate de mí, Satanás!; me eres tropiezo, porque no pones la mira en las cosas de Dios, sino en las cosas de los hombres (Mateo 16:21-23).

Recuerde que las metas en su vida lo ayudan a mantener el orden de sus prioridades. Muchas veces sus opciones no son entre lo bueno y lo malo, sino entre lo bueno y lo mejor. Satanás frecuentemente desea que usted se conforme con solo cosas buenas si así evita que usted espere los mejores regalos o dones de Dios.

Recuerde que las metas en su vida lo ayudan a mantener el orden de sus prioridades.

Apunte tres características en las metas de su vida

1. ______________________________

2. ______________________________

3. ______________________________

Cuando usted toma decisiones importantes en su vida, tales como las que conciernen a la vocación, el trabajo, o a la elección del cónyuge, pregúntese: *¿Me ayudará esta elección a cumplir con el propósito de Dios para mi vida?* Si es así, entonces vale el esfuerzo por conseguirlo. Si usted determina sus metas sin considerar primero el propósito de su vida, con frecuencia sustituirá sus metas por los propósitos de Dios.

Cuando usted se propone metas válidas, es como tener un nuevo par de anteojos para ver el futuro. A la larga, dicha meta le traerá paz, lo

GUÍA DIARIA DE COMUNIÓN CON EL MAESTRO

SALMOS 119:137-144

Qué me dijo Dios:

Qué le dije yo a Dios:

ayudará a mirar las cosas a largo plazo, lo mantendrá en el camino y lo ayudará a medir todas las cosas a la luz de los propósitos de Dios.

Caleb siguió a Dios al tomar posesión de Hebrón. Jesús siguió a Dios al revelar al Padre, reconciliar el mundo con Él y discipular a aquellos que llevaban a cabo la obra del Señor.

¿Qué evidencias tiene usted de que las metas que persigue en el presente lo llevarán al logro del propósito de la vida?

VÍSTASE CON LA ARMADURA ESPIRITUAL
El día 2 estudió la importancia de ponerse el calzado del evangelio como parte del aprendizaje de la presentación de la armadura espiritual. Aprendió tres pasos acerca de los pies listos para llevar el evangelio de paz. Repase las páginas 92 y 93.

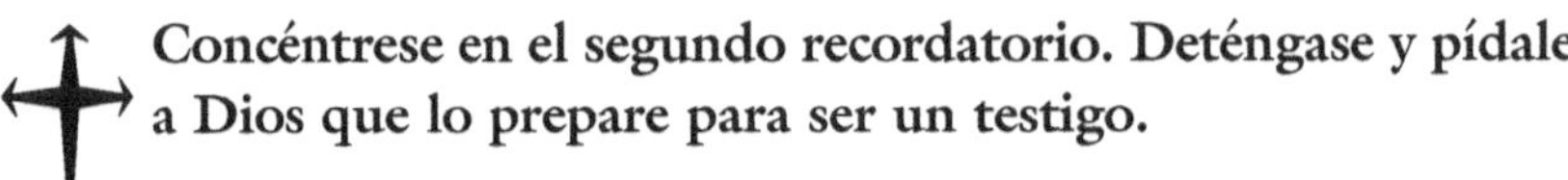

Concéntrese en el segundo recordatorio. Deténgase y pídale a Dios que lo prepare para ser un testigo.

Una de las maneras como puede prepararse para testificar es recordar la Palabra de Dios. Usted ha venido memorizando versículos durante todo este curso de *Vida discipular*. Si estudió el libro 1, aprendió pautas que lo ayudarán a memorizar las Escrituras. Tal vez quiera referirse a esa guía para continuar memorizando la Biblia.

Memorice Efesios 6:18 y repase los de las semanas anteriores.

Hoy lea Salmos 119:137-144 en su devocional. Permítale a Dios que le hable por medio de este pasaje. Luego complete la guía diaria de comunión con el Maestro.

DÍA 4

Aprenda a establecer prioridades

Una vez que determine el propósito de su vida y se comprometa con Cristo a realizarlo puede empezar a establecer claramente las prioridades. Amar al Señor y amar al prójimo son los objetivos prioritarios que lo conducen hacia la meta de su vida. Cada vez que tome una decisión, se compromete en una relación o invierte tiempo o dinero, fíjese que no lo haga en contra del propósito de su vida. Cuando se cuestione si algún acto lo conduce a lograr su propósito medite antes de seguir.

HACIA LA MADUREZ

Según Romanos 12:2, "no os conforméis a este siglo, sino transformaos por medio de la renovación de vuestro entendimiento, para que comprobéis cuál sea la buena voluntad de Dios, agradable y perfecta", los planes de Dios siempre lo llevarán hacia la madurez.

Cada vez que tome una decisión, se compromete en una relación o invierte tiempo o dinero, fíjese que no lo haga en contra del propósito de su vida.

En el versículo anterior subraye las tres cosas que Dios está haciendo para renovar su mente para lograr el propósito de Dios.

Los versículos dicen que a medida que Dios lo renueva, usted puede comprobar que los planes de Dios son buenos, satisfacen todas las demandas de Él, y lo dirigen hacia la verdadera madurez.

De acuerdo a los pasajes que están en el margen ¿qué hace un discípulo para madurar y crecer? Empareje las citas con los conceptos correspondientes.

___ 1. Filipenses 2:5 — **a. Conoce su responsabilidad y la cumple**

___ 2. Colosenses 3:1-2 — **b. Está preparado con la mente de Cristo**

___ 3. Efesios 5:15 — **c. Tiene prioridades supremas**

Haya, pues, en vosotros este sentir que hubo también en Cristo Jesús (Filipenses 2:5).

Si, pues, habéis resucitado con Cristo, buscad las cosas de arriba, donde está Cristo sentado a la diestra de Dios (Colosenses 3:1-2).

Mirad, pues, con diligencia como andéis, no como necios sino como sabios (Efesios 5:15).

Saber hacia donde va en la vida cuando usted tiene la mente de Cristo y está comprometido con Él, es estupendo. También lo es cuando conoce cuáles son sus responsabilidades y tiene prioridades supremas. Las respuestas son: 1.b, 2.c, 3.a.

Su próximo paso será desarrollar un plan para encaminarse hacia el logro del propósito de su vida.

CÓMO DETERMINAR LAS PRIORIDADES

El siguiente diagrama demuestra cuáles deberían ser sus prioridades. Pregúntese: *¿Qué es lo que más le importa a Dios de mi vida? ¿Cuál es su prioridad para mí?* El siguiente diagrama representa las metas básicas en la vida, los asuntos más importantes que forman el marco para construir una vida de acuerdo al plan de Dios. Para establecer dichas metas existe un orden específico.

Muchas personas cometen el error de comenzar por la parte superior, como la elección de un cónyuge y la vocación, sin antes establecer las cuatro metas previas en la secuencia que muestra el diagrama. Note el progreso de las prioridades. Primero está el fundamento.

Por tanto, de la manera que habéis recibido al Señor Jesucristo, andad en él; arraigados y sobreedificados en él, y confirmados en la fe, así como habéis sido enseñados, abundando en acciones de gracias (Colosenses 2:6-7).

Lea Colosenses 2:6-7 en el margen. ¿En quién debe arraigarse y edificar su vida después que ha recibido a Cristo como su Señor y Salvador? ____

____

Porque nadie puede poner otro fundamento que el que está puesto, el cual es Jesucristo. Y si sobre este fundamento alguno edificare oro, plata, piedras preciosas, madera, heno, hojarasca, la obra de cada uno se hará manifiesta; porque el día la declarará, pues por el fuego será revelada; y la obra de cada uno cuál sea, el fuego la probará (1 Corintios 3:11-13).

EL FUNDAMENTO DE CRISTO

Construya y eche raíces en Jesucristo. Él es el fundamento de su vida. Primera Corintios 3:11-13, en el margen, presenta una comparación que Pablo usó para ilustrar el concepto de edificar una vida en Cristo. Primero se comienza con el fundamento y luego se seleccionan los materiales. Usted, como el constructor, es el responsable de la construcción y de la duración de los materiales seleccionados. Cuando lo complete, el "Inspector de construcciones" lo examinará.

Asegúrese de construir cada aspecto o área de su vida en Cristo. La meta referente a esto la encontramos en el primer cuadro. ¿Son el Señor y su Reino la primera prioridad para usted?

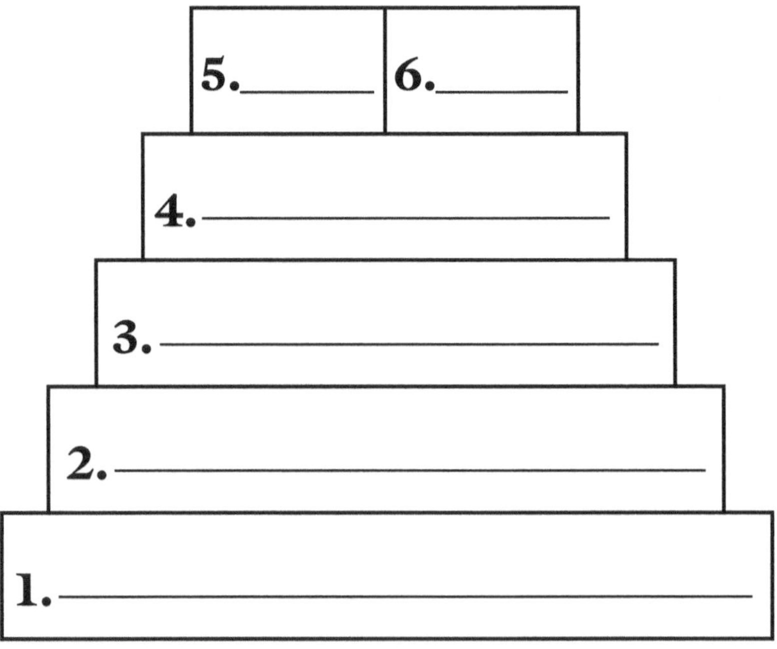

En el diagrama anterior escriba El fundamento de Cristo y Mateo 6:33 en el rectángulo inferior.

CARÁCTER CRISTIANO

El primer bloque que colocará sobre el fundamento de Cristo es usted. Dios se interesa primero en usted.

Escriba *carácter cristiano* y Mateo 5:1-12 en el segundo rectángulo.

Dios quiere guiarlo para que usted sea todo lo que Él quiere. Él se preocupa más por la clase de persona que usted es que por la profesión que elegirá. Se interesa más en sus cualidades internas que en las apariencias. El segundo bloque se refiere a las metas que contestan la pregunta, ¿en qué clase de persona me estoy convirtiendo?

Dios comienza a desarrollar en usted el carácter de Cristo. Hasta que esto no comience a suceder, Cristo no puede valerse de usted.

Si usted no está seguro de la clase de persona que Dios quiere que usted sea, lea los siguientes pasajes de las Escrituras.

- **Salmos 139:13-16**
- **Mateo 6:33**
- **Lucas 2:52**
- **Hechos 24:16**
- **Romanos 12:1-2**
- **1 Corintios 12:7**
- **2 Corintios 5:17**
- **Gálatas 5:22-23**
- **Efesios 5:18**
- **Colosenses 3:5-27**
- **1 Tesalonicenses 4:1-8**
- **1 Pedro 3:3-4**
- **1 Juan 5:11-13**

Repita de memoria Efesios 6:18. El versículo menciona "toda oración y súplica". ¿Cree usted que eso incluye la ayuda para establecer las metas de su vida? ❑ Sí ❑ No De ser así, deténgase y pídale a Dios que lo ayude a establecer sus metas.

VÍSTASE CON LA ARMADURA ESPIRITUAL

En esta semana aprendió la importancia de ponerse el calzado del evangelio como parte de la armadura espiritual. Repase los tres puntos (páginas 92-93) acerca de los pies listos para llevar el evangelio.

Concentre su atención en el tercer punto. Deténgase y ore para que sus amigos inconversos tengan a Cristo como el fundamento de sus vidas. Luego piense en los millones de personas que no conocen a Cristo y ore para que alcancen la salvación.

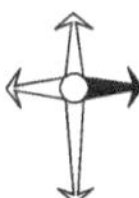

Comente con su familia, un amigo creyente el calzado del evangelio como parte de la armadura espiritual.

GUÍA DIARIA DE COMUNIÓN CON EL MAESTRO

SALMOS 119:145-152

Qué me dijo Dios:

____

____

____

____

____

____

____

____

Qué le dije yo a Dios:

____

____

____

____

____

____

____

____

____

____

Mientras usted ora, use la "Guía a la intercesión" que sigue.

Exhorto ante todo, a que se haga rogativas, oraciones, peticiones y acciones de gracias, por todos los hombres (1 Timoteo 2:1).

Por los reyes y por todos los que están en eminencia, para que vivamos quieta y reposadamente en toda piedad y honestidad (1 Timoteo 2:2-4).

Porque hay un solo Dios, y un solo mediador entre Dios y los hombres, Jesucristo hombre, el cual se dio a sí mismo en rescate por todos, de lo cual se dio testimonio a su debido tiempo. Para esto yo fui constituido predicador y apóstol (digo verdad en Cristo, no miento), y maestro de los gentiles en fe y verdad (1 Timoteo 2:5-7).

Quiero, pues, que los hombres oren en todo lugar, levantando manos santas, sin ira ni contienda (1 Timoteo 2:8).

GUÍA A LA INTERCESIÓN

La intercesión es un ministerio del discípulo y de la congregación para llevar a Dios las necesidades de la iglesia y del mundo. Tiene como resultado el cambio en las vidas de aquellos.

Las siguientes sugerencias pueden ayudarlo a comenzar un ministerio de intercesión.

1. Haga de la intercesión su primer prioridad (vea 1 Timoteo 2:1). En su oración emplee más tiempo intercediendo.
2. Use todo tipo de oración de intercesión, combínela con alabanzas, acción de gracias y peticiones.
3. Interceda por todos (vea 1 Timoteo 2:2-4).
4. Interceda con un propósito que abarque todo aspecto de la vida. La intercesión no se limita solo a crisis o a necesidades específicas. La intercesión debe buscar la salvación, la paz, la santidad y la quietud para todas las personas (vea 1 Timoteo 2:5-7).
5. Ore en unidad con otros discípulos (vea 1 Timoteo 2:8).
6. Ore basado en el carácter de Dios.
7. Preséntese ante Dios en el lugar de la persona listo para sacrificarse por ella, tal como lo hicieron Moisés, Pablo y Jesús.
8. Sea perseverante en su oración.
9. Recuerde que el Señor mismo es su compañero en la intercesión (vea Juan 17; Romanos 8:26-27).
10. Manténgase confiando porque la promesa de intercesión es segura (vea Mateo 7:7; Santiago 5:16).

Hoy lea Salmos 119:145-152 durante su devocional. Pídale a Dios que le hable por medio de este pasaje. Luego complete la guía diaria de comunión con el Maestro en la página 99.

DÍA 5

Edifique una vida para Dios

Ayer aprendió el fundamento sobre el cual determina las metas de su vida, y estudió el primer bloque que colocará en la estructura de acuerdo al plan de Dios. Hoy estudiaremos los que restan.

MENSAJE DE VIDA

El bloque que agregará al fundamento de Cristo es el mensaje de vida.

Escriba *Mensaje de vida* y *Mateo 5:13-16* en el tercer rectángulo del diagrama de la página 98.

Las metas de su vida que ha escrito hasta aquí responden estas preguntas: ¿Qué ven los demás en mi vida? ¿Qué les dice mi vida a los demás? El mensaje de vida que usted trasmite nace de su carácter cristiano. Si realmente usted quiere ser como Cristo, aquellos que lo conocen y observan su vida lo verán. El mensaje de vida que usted trasmite es una señal que le revela a los demás quién es usted realmente. Ellos reconocen su honestidad y sinceridad. Usted es su mensaje de vida. Este mensaje es la suma de las experiencias que ha vivido y de las que puede hablar con autoridad porque ha hecho lo que dice. Determina cómo otros lo perciben.

En mi primer pastorado deseaba que las personas recordaran los mensajes que predicaba. Pero entonces noté lo que decían los miembros de los pastores anteriores. Nunca mencionaban sus mensajes, pero hacían comentarios como estos: "El pastor Jones realmente amaba a las personas", "El pastor Smith era un hombre de oración" o "El pastor Tom era una Biblia ambulante". Cada pastor fue ¡un mensaje de vida!

Lea Mateo 5:16 en el margen. ¿Quién recibe el mérito cuando usted brilla delante de los demás como Cristo?____________________

____

Aunque las personas vean buenas cualidades en usted, la fuente de todo lo bueno es el Padre celestial. El mensaje de vida que usted trasmite debe reflejarlo y honrarlo a Él. Usted desarrolla este mensaje cuando le permite a Cristo ser el centro de su vida, cuando guarda la Palabra de Dios y cuando desarrolla sus dones espirituales.

MINISTERIO

El ministerio fluye del carácter cristiano y de su mensaje de vida. Rebosa naturalmente, no es algo forzado. A medida que usted tome del agua que Jesús le da, se desbordará naturalmente. Lea Mateo 5:40-48.

Escriba *Ministerio* y *Mateo 5:40-48* en el cuarto rectángulo del diagrama de la página 98.

El ministerio responde a la pregunta: ¿Cómo puedo compartir mi vida con otros? Los versículos del margen le darán ideas acerca de las metas relacionadas con el ministerio.

Así alumbre vuestra luz delante de los hombres, para que vean vuestras buenas obras, y glorifiquen a vuestro Padre que está en los cielos (Mateo 5:16).

Y al que quiera ponerte a pleito y quitarte la túnica, déjale también la capa; y a cualquiera que te obligue a llevar carga por una milla, ve con él dos. Al que te pida, dale; y al que quiera tomar de ti prestado, no se lo rehúses. Oísteis que fue dicho: Amarás a tu prójimo, y aborrecerás a tu enemigo. Pero yo os digo: Amad a vuestros enemigos, bendecid a los que os maldicen, haced bien a los que os aborrecen, y orad por lo que os ultrajan y os persiguen; para que seáis hijos de vuestro Padre que está en los cielos, que hace salir su sol sobre malos y buenos, y que hace llover sobre justos e injustos. Porque si amáis a los que os aman, ¿qué recompensa tendréis? ¿No hacen lo mismo los publicanos? Y si saludáis a vuestros hermanos solamente, ¿qué hacéis de más? ¿No hacen también así los gentiles? Sed, pues, vosotros perfectos, como vuestro Padre que está en los cielos es perfecto (Mateo 5:40-48).

Vosotros sois la sal de la tierra; pero si la sal se desvaneciere, ¿con qué será salada? No sirve más para nada, sino para ser echada fuera y hollada por los hombres (Mateo 5:13).

Cada uno según el don que ha recibido, minístrelo a los otros, como buenos administradores de la multiforme gracia de Dios (1 Pedro 4:10).

Pero recibiréis poder, cuando haya venido sobre vosotros el Espíritu Santo, y me seréis testigos en Jerusalén, en toda Judea, en Samaria, y hasta lo último de la tierra (Hechos 1:8).

Y considerémonos unos a otros para estimularnos al amor y a las buenas obras; no dejando de congregarnos, como algunos tienen por costumbre, sino exhortándonos; y tanto más, cuando veis que aquel día se acerca (Hebreos 10:24-25).

A quien anunciamos, amonestando a todo hombre, y enseñando a todo hombre en toda sabiduría, a fin de presentar perfecto en Cristo Jesús a todo hombre; para lo cual también trabajo, luchando según la potencia de él, la cual actúa poderosamente en mí (Colosenses 1:28-29).

Gozosos en la esperanza; sufridos en la tribulación; constantes en la oración; compartiendo para las necesidades de los santos; practicando la hospitalidad (Romanos 12:12-13).

Lea los versículos del margen y empareje las citas con los conceptos correspondientes.

___ 1. Mateo 5:13	**a. Use los dones que Dios le dio**
___ 2. 1 Pedro 4:10	**b. Testifique de Cristo**
___ 3. Hechos 1:8	**c. Haga discípulos**
___ 4. Hebreos 10:24-25	**d. Sirva en la iglesia**
___ 5. Colosenses 1:28-29	**e. Penetre el mundo secular**
___ 6. Romanos 12:12-13	**f. Ayude al prójimo necesitado**

Dios nos ha llamado a una vida de ministerio. Ningún discípulo está exento de este llamado. Concéntrese en caminar con Cristo y en semejarse a Él. Aprenda a ver a las personas a través de los ojos de Cristo, y Él le señalará su ministerio. Las respuestas correctas son: 1.e, 2.a, 3.b, 4.d, 5.c, 6.f.

HOGAR

Su hogar es una parte vital de su ministerio.

Lea los versos en el margen de la página 103. ¿En qué deben basarse el matrimonio y el hogar? ______________________

____

Escriba *Hogar*, *Efesios 5:21* y *Mateo 7:24-27* en la parte superior del rectángulo del diagrama de la página 98.

Cristo es el fundamento del hogar de una persona sabia y el centro de las relaciones familiares. Su hogar es el lugar más natural para demostrar lo que Cristo está haciendo en sus vidas y lo que hará en la de los demás. El hogar debe hablarle al mundo más rápidamente que la iglesia. La pregunta es: ¿Cómo puedo hacer de mi hogar una plataforma para mi ministerio?

Tanto las personas casadas como las solteras deben considerar de qué manera las circunstancias especiales contribuyen en las metas de sus vidas. Un discípulo que está creciendo en Cristo y planea casarse nunca debe considerar hacerlo con una persona que no tenga un concepto similar de fundar la vida y las relaciones en Cristo. Para aquellos que están buscando su pareja el bloque para edificar el hogar le responde la pregunta: ¿Quién es la mejor persona con la cual debo casarme para poder desarrollar juntos un ministerio efectivo?

Para los creyentes en Cristo, el matrimonio es un pacto, una unión espiritual de dos personas cuyo mayor deseo es glorificar a Dios y semejarse a Jesucristo. Primera Pedro 3:7 llama al esposo y a la esposa "herederos de la gracia de la vida". Priscila y Aquila (véase Romanos 16:3-5) comprendieron que su matrimonio debía ser luz y que su hogar se usaría para que la iglesia se reuniera. Si usted está casado, propóngase edificar su matrimonio en una relación que se convierta en un testimonio que penetre en el mundo y que muestre el poder de Cristo en un verdadero amor y propósito. Para una pareja que está casada la pregunta sería: ¿De qué manera quiere Dios usar nuestra relación en un ministerio juntos?

No necesita estar casado para seguir a Cristo o participar en el ministerio. Si usted es soltero, la pregunta sería: ¿De qué manera puedo usar mi soltería para desarrollar más mi ministerio? Su hogar también es parte vital del ministerio.

Someteos unos a otros en el temor de Dios (Efesios 5:21).

Cualquiera, pues, que me oye estas palabras, y las hace, le compararé a un hombre prudente, que edificó su casa sobre la roca (Mateo 7:24).

TRABAJO DIARIO

El estudio de Mateo 6:19-34 le dará una nueva visión de la manera como que Dios puede usarle en su lugar de trabajo.

Escriba *trabajo diario* y *Mateo 6:19-34* en la parte superior derecha del diagrama de la página 99.

El cuadro del trabajo diario responde la pregunta: ¿Cómo puedo dejar que Cristo se valga de mi profesión para ministrar? O, si usted debe decidir entre una carrera o un trabajo, la pregunta sería: ¿Qué profesión o trabajo me capacitaría mejor para tener un ministerio efectivo en el mundo? Mire el trabajo diario como un centro vital para su ministerio.

Si los creyentes siguieran este concepto, realmente revolucionarían el mundo secular. Cualquiera que sea su trabajo hágalo de corazón como si estuviera sirviendo al Señor y no al salario que recibe. En lugar de perder tiempo o quejarse, demuestre el Espíritu de Cristo con su actitud, su trabajo, sus decisiones, sus hábitos y relaciones. La sal puede penetrar día a día en su lugar de trabajo, permitiéndole llegar significativamente a la vida de las personas que lo rodean diariamente. Cuando vean su mensaje, estarán dispuestos a que usted los ministre.

Cualquiera sea su trabajo hágalo de corazón como si estuviera sirviendo al Señor.

Lea la siguiente oración. Luego ore leyéndola en voz alta o diciéndola con sus propias palabras.

Señor, cuando vaya a mi trabajo, dame la visión de lo que tú quieres que sea y cómo influir en mis compañeros a favor de Jesucristo. Ayúdame a vivir de tal manera que mi mensaje sea claro pero tierno, y nunca altivo. Ayúdame a demostrar amor y a estar atento a las oportunidades para testificar y ministrar. Ayúdame a hacer de mi trabajo un lugar para desarrollar mi ministerio.

Cuando considere su trabajo actual o futuro, verifique si estaría dispuesto a considerar un llamado a un ministerio cristiano, si Dios lo guía a ello.

En *Vida discipular 4: La misión del discípulo* dedicará más tiempo para considerar cómo Dios obrará por medio de usted para llegar al mundo.

Aplique lo que aprendió esta semana y escriba la meta más importante de su vida en cada una de estas áreas. Luego enumere las metas en orden creciente de prioridad.

Carácter cristiano: ________________________________

Mensaje: ________________________________

Ministerio: ________________________________

Hogar: ________________________________

Trabajo diario: ________________________________

Es muy probable que ya esté más consciente de la necesidad de testificar.

CÓMO DEMOLER FORTALEZAS ESPIRITUALES PERSONALES

El día 1 usted identificó una fortaleza espiritual del enemigo en su vida de la cual quiere deshacerse. Hoy haga un informe sobre el progreso que hizo al valerse de las armas espirituales para destruirla.

De qué manera usé las armas espirituales para demoler la fortaleza de la codicia o avaricia:________________________________

Muchas personas no pueden establecer las metas de sus vidas porque no han oído el mensaje del evangelio. Al anotar en el "Gráfico de círculos de influencia" los nombres de las personas que no conocen a Cristo es probable que haya sentido la necesidad de testificarles.

Amplíe su círculo de influencia incluyendo a la persona X.

Después de leer la sección titulada "Extienda su círculo de testimonio" continúe agregando nombres a su "Gráfico de círculos de influencia" en la página 135 y a la lista de la página 143.

EXTIENDA SU CÍRCULO DE TESTIMONIO

Comience por extender su círculo testificando a aquellas personas con quienes tiene más relación, pero no se detenga allí.

Amplíe su círculo de influencia con cualquier persona o grupo de personas fuera de su círculo de amigos y compañeros de trabajo, pero con quien usted podrá relacionarse. Ministre a las necesidades de esa persona y cultive su amistad.

Jesús demostró los principios del estilo de vida de un testigo cuando se acercó a la mujer samaritana (vea Juan 4)[1]. Siga este modelo para planear su estrategia personal y ser un testigo.

Relaciónese con personas que no conocen a Cristo y cultive su amistad

1. *Geográficamente.* Examine sus movimientos. ¿Está haciendo algo para cultivar la amistad de otras personas a quienes testificar?

2. *Socialmente.* Examine sus relaciones. Cuanto más tiempo las personas son miembros de la iglesia, menos son los contactos que tienen con gente fuera de ella. Trate de asegurarse que emplea suficiente tiempo cultivando otras amistades. Use su hogar para aumentar las oportunidades de testificar:

- invite personas a cenar
- tenga reuniones de grupos pequeños en las cuales dé un breve testimonio seguido de conversaciones individuales
- organice grupos de estudio bíblico
- ofrezca clases de costura, cocina, arte, decoración, drama, etc.
- forme clubes especiales como los clubes de lectura
- invite a sus nuevos vecinos
- esté dispuesto a aconsejar
- enseñe o repase a estudiantes

Interésese en las necesidades de los demás
Hablando con otras personas, se escucha con frecuencia que expresan las necesidades que tienen: amor, autoestima, protección. Estos pueden ser los medios para ministrar y presentarles el evangelio.

Ayúdelos a entender su verdadera necesidad
Ayude a las personas a ver la necesidad que tienen de una relación personal con Cristo. De lo contrario, nunca van a asociar su soledad o dolor con la necesidad de Cristo. Podrá explicarles la manera cómo Cristo satisface las necesidades más profundas de su alma.

Mantenga un espíritu de aceptación
Aunque usted no apruebe el modo de vivir de dichas personas, mantenga un espíritu cariñoso. No piense que la santificación del cristiano es aislarse del mundo (véase Juan 17:15).

Guíelos para que entiendan las implicaciones del evangelio
Evite comunicar que la salvación es un asunto de tener una religión. A medida que testifique, destaque la importancia de una relación personal con Cristo.

Mantenga el sentido de urgencia para guiar la persona a Cristo. Si las personas no comprenden las implicaciones del evangelio la primera vez que lo escuchen, continúe pacientemente hablándoles de Cristo y deje que el Espíritu Santo prepare sus corazones.

Ayude a las personas a ver la necesidad que tienen de una relación personal con Cristo.

¿Está cultivando nuevas amistades? Marque la situación que se aplique a su caso.

❑ No juzgo el modo de vivir de la otra persona.

❑ Tengo compañeros de oración orando por oportunidades para testificar.

GUÍA DIARIA DE COMUNIÓN CON EL MAESTRO

SALMOS 119:153-160

Qué me dijo Dios:

____

____

____

____

____

____

____

____

Qué le dije yo a Dios:

____

____

____

____

____

____

____

____

____

____

- ❑ **Busco oportunidades basado en lo que Cristo ha hecho por mí.**
- ❑ **Trato de ser paciente mientras Cristo obra en los corazones de los demás, si ellos no responden al principio.**

Aquí tiene algunas sugerencias para usar un folleto evangelístico.

- A medida que lea su folleto asegúrese de darle tiempo y oportunidad a la persona para orar y recibir a Cristo.
- Asegúrese de dejarle a la persona la información necesaria ya sea que haya o no aceptado a Cristo.

Hoy lea Salmos 119:153-160 durante su devocional. Permita que Dios le hable por medio de este pasaje. Luego complete la guía diaria de comunión con el Maestro.

¿QUÉ EXPERIENCIA TUVO ESTA SEMANA?

Repase la sección "Mi andar con el Maestro" al comienzo del material para esta semana. Marque las actividades que haya completado con una línea vertical en el diamante. Termine toda actividad incompleta. Piense en lo que dirá durante la sesión de grupo acerca de su trabajo en tales actividades.

Espero que al concluir el estudio "Mirar a Jesús" de esta semana se dé cuenta que al establecer las metas para su vida tendrá un arsenal más de armas para usar contra los ataques de Satanás.

---

1. Estas categorías se adaptaron de Continuing Witness Training (Alpharetta, Georgia, E.U.A.: NAMB). Usado con permiso.

SEMANA 6

Mantenerse victorioso

La meta de esta semana

Podrá mantenerse victorioso en la guerra espiritual.

Mi andar con el Maestro en esta semana

Completará las siguientes actividades para desarrollar las seis disciplinas bíblicas. Cuando haya completado cada actividad trace una línea vertical en el diamante que hay junto a la actividad.

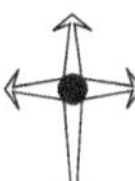

DEDICARLE TIEMPO AL MAESTRO

◇ Tenga un tiempo devocional cada día. ❑ Domingo ❑ Lunes ❑ Martes ❑ Miércoles ❑ Jueves ❑ Viernes ❑ Sábado

VIVIR EN LA PALABRA

◇ Lea su Biblia diariamente. Escriba qué le dice Dios a usted y qué le dice usted.

◇ Memorice Efesios 3:20-21.

◇ Repase 1 Juan 4:4, 2 Timoteo 3:16-17, Salmos 1:2-3, 1 Juan 5:14-15, y Efesios 6:18.

ORAR CON FE

◇ Lea la "Guía para la oración extendida".

◇ Anote sus motivos de oración para el taller de oración.

◇ Ore con su compañero de oración pidiendo que usted pueda presentarle su testimonio a una persona inconversa.

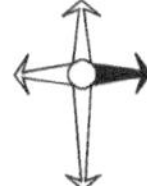

TENER COMUNIÓN CON LOS CREYENTES

◇ Cada día de esta semana, demuéstrele a alguien el amor de Dios.

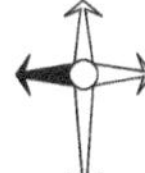

TESTIFICAR AL MUNDO

◇ Preséntele a alguien su testimonio personal o hágalo mediante un cuaderno.

MINISTRAR A OTROS

◇ Sírvale a alguien que necesite de su ayuda.

◇ Aprenda la parte del "cinturón de la verdad" de la armadura espiritual.

◇ Explique a alguien la presentación completa de la armadura espiritual.

Versículos para memorizar esta semana

Y a Aquel que es poderoso para hacer todas las cosas mucho más abundantemente de lo que pedimos o entendemos, según el poder que actúa en nosotros, a él sea gloria en la iglesia en Cristo Jesús por todas las edades, por los siglos de los siglos. Amén (Efesios 3:20-21).

DÍA 1

Busque a Dios

La batalla contra Satanás y las fuerzas del mal se pelea, en primer lugar, de rodillas.

A pesar de que usted pelee una interminable batalla contra el enemigo, puede concluir este estudio confiado de contar con las armas por excelencia para salir airoso: la oración y la Palabra. La batalla contra Satanás y las fuerzas del mal se pelea, en primer lugar, de rodillas.

Dios ha usado muchas de mis experiencias como pastor, evangelista, misionero y líder denominacional para enseñarme dicha verdad. Un pasaje bíblico que ha sido muy útil en la guerra espiritual es 2 Crónicas 20. Dicho pasaje relata la historia de Josafat, rey de Judá, a quien se le informó que un numeroso ejército de moabitas, amonitas y meunitas avanzaba para combatirlo. Lea 2 Crónicas 20:1-4 en el margen.

Pasadas estas cosas, aconteció que los hijos de Moab y de Amón, y con ellos otros de los amonitas, vinieron contra Josafat a la guerra. Y acudieron algunos y dieron aviso a Josafat, diciendo: Contra ti viene una gran multitud del otro lado del mar, y de Siria; y he aquí están en Hazezon-tamar, que es Engadi. Entonces él tuvo temor; y Josafat humilló su rostro para consultar a Jehová, e hizo pregonar ayuno a todo Judá. Y se reunieron los de Judá para pedir socorro a Jehová; y también de todas las ciudades de Judá vinieron a pedir ayuda a Jehová (2 Crónicas 20:1-4).

Dicho pasaje plantea el escenario para los cinco principios de la guerra espiritual que usted aprenderá esta semana. Hoy se concentrará en el primer principio.

LOS CINCO PRINCIPIOS DE LA GUERRA ESPIRITUAL
1. **El principio de buscar a Dios**
2. El principio de conocer a Dios
3. El principio de depender de Dios
4. El principio de creer a Dios
5. El principio de adorar a Dios

¿A quién recurrieron Josafat y el pueblo de Judá para pedir socorro cuando se dieron cuenta de que irían a la guerra?

____

BUSQUE A DIOS

Cuando usted reconozca que irá a la guerra, busque a Dios, tal como lo hizo el pueblo de Judá cuando advirtió que tres ejércitos avanzaban en su contra. El principio de buscar a Dios establece que ante un problema, siempre se recurre a Dios. Él conoce al enemigo que usted combate, tal como conocía a los tres reyes que atacaban a Josafat.

¿Cuál es la palabra que en 2 Crónicas 20:1-4 describe la reacción de Josafat cuando supo que sería sitiado por enemigos.

____

¿Quiénes se unieron a Josafat para invocar a Dios por su socorro?

____

Josafat se alarmó cuando supo que estaba en guerra. El pueblo de Judá se unió a su rey para buscar sinceramente la dirección de Dios. El principio de buscar a Dios incluye el mandato de buscarlo no sólo en forma individual sino también colectiva. Si usted tiene un problema personal, o un problema que afecta a otros, tales como su familia o la iglesia, ore en grupo por un tiempo prolongado.

UN CORAZÓN PARA EL SEÑOR

El corazón de Josafat era devoto a los caminos del Señor, como lo ilustra el pasaje de 2 Crónicas 17:3-6 en el margen. Recurrir a Dios no era lgo que el rey hacía sólo en caso de emergencia. Anteriormente buscó a Dios cuando comenzó su reinado. Cuando usted pelee batallas espirituales, compruebe que su corazón esté plenamente entregado al Señor.

Josafat no solamente había buscado al Señor, sino que había procurado que otros tuvieran una mejor relación con Dios. Lea 2 Crónicas 17:7-9, en el margen.

Las Escrituras también relatan que anteriormente Josafat había cometido un error. Segunda Crónicas 18:3, en el margen, comenta que Josafat se había asociado con quienes no debía. Al asociarse con Acab por casamiento, había intentado pelear la batalla con alguien que no tenía intenciones idénticas a las suyas. Usted no podrá resolver un problema consultando a alguien que no se haya consagrado a Cristo como usted.

Como estudió en 2 Crónicas 20, más adelante Josafat aprendió a recurrir, en primer lugar, a la persona apropiada. En toda las Escrituras aparece el mismo principio de buscar a Dios. Podemos ver a David, el muchacho, luchando contra Goliat y venciéndolo. Podemos ver al pueblo de Israel, aunque débil y esclavo en Egipto, librado por Dios. Podemos ver el almuerzo de un niño que alimenta a cinco mil personas. Depender de Dios es el elemento esencial.

Los versículos para memorizar esta semana, Efesios 3:20-21, describen qué sucede cuando usted se encomienda a Dios: más de lo que jamás podría imaginar. Pase a la página 107 y lea en voz alta los versículos de una a tres veces para empezar a memorizarlos.

CONFÍE EN DIOS

Yo había visto a Dios obrando en casos bíblicos, pero jamás había entendido el principio de cómo luchar en la guerra espiritual hasta que lo descubrí en Deuteronomio 20. ¿Cómo salir a la guerra cuando a uno lo rodea el enemigo? La respuesta radica en Deuteronomio 20, es decir, el mensaje de Moisés a los hijos de Israel antes de entrar a la tierra prometida.

Lea Deuteronomio 20:1-4, que comienza en el margen y continúa en la página siguiente. Cuando los israelitas se alineaban en formación militar para combatir a un enemigo más poderoso, ¿qué debían hacer?______________________________

Y Jehová estuvo con Josafat, porque anduvo en los primeros caminos de David su padre, y no buscó a los baales, sino que buscó al Dios de su padre, y anduvo en sus mandamientos y no según las obras de Israel. Jehová, por tanto, confirmó el reino en su mano, y todo Judá dio a Josafat presentes; y tuvo riquezas y gloria en abundancia. Y se animó su corazón en los caminos de Jehová, y quitó los lugares altos y las imágenes de Asera de en medio de Judá (2 Crónicas 17:3-6).

Al tercer año de su reinado envió sus príncipes Ben-hail, Abdías, Zacarías, Natanael y Micaías, para que enseñasen en las ciudades de Judá; y con ellos a los levitas Semaías, Netanías, Zebadías, Asael, Semiramot, Jonatán, Adonías, Tobías y Tobadonías; y con ellos a los sacerdotes Elisama y Joram. Y enseñaron en Judá, teniendo consigo el libro de la ley de Jehová, y recorrieron todas las ciudades de Judá enseñando al pueblo (2 Crónicas 17:7-9).

Y dijo Acab rey de Israel a Josafat rey de Judá: ¿Quieres venir conmigo contra Ramot de Galaad? Y él respondió: Yo soy como tú, y mi pueblo como tu pueblo; iremos contigo a la guerra (2 Crónicas 18:3).

Cuando salgas a la guerra contra tus enemigos, si vieres caballos y carros, y un pueblo más grande que tú, no tengas temor de ellos, porque Jehová tu Dios está contigo, el cual te sacó de tierra de Egipto. Y cuando os acerquéis para combatir, se pondrá en pie el sacerdote y hablará al pueblo, y les dirá: Oye, Israel, vosotros os juntáis hoy en batalla contra vuestros enemigos; no desmaye vuestro corazón, no temáis, ni os azoréis, ni tampoco os desalentéis delante de ellos; porque Jehová vuestro Dios va con vosotros, para pelear por vosotros contra vuestros enemigos, para salvaros (Deuteronomio 20:1-4).

No juzguéis, para que no seáis juzgados. Porque con el juicio con que juzgáis, seréis juzgados, y con la medida con que medís, os será medido. ¿Y por qué miras la paja que está en el ojo de tu hermano, y no echas de ver la viga que está en tu propio ojo? ¿O cómo dirás a tu hermano: Déjame sacar la paja de tu ojo, y he aquí la viga en el ojo tuyo? ¡Hipócrita! saca primero la viga de tu propio ojo, y entonces verás bien para sacar la paja del ojo de tu hermano! (Mateo 7:1-5).

Digo, pues, por la gracia que me es dada, a cada cual que está entre vosotros, que no tenga más alto concepto de sí que el que debe tener, sino que piense de sí con cordura, conforme a la medida de fe que Dios repartió a cada uno (Romanos 12:3).

Nada hagáis por contienda o por vanagloria; antes bien con humildad, estimando cada uno a los demás como superiores a él mismo (Filipenses 2:3).

El pueblo debía llamar al sacerdote, quien los alentaría a confiar en Dios. Cuando usted va a la batalla contra el enemigo, asegúrese de no tener miedo sino de confiar en Dios. El miedo equivale a tener fe en el enemigo. No ganará la batalla si cree que el enemigo es más poderoso que usted y su Dios.

No hay dudas de que usted se encontró en medio de una batalla espiritual durante este estudio, cuando intentó destruir las fortalezas espirituales que Satanás ha asentado en su vida. Hoy examinará otra área de su vida en la cual permitirá que el Espíritu Santo edifique un carácter semejante a Cristo.

CÓMO DEMOLER FORTALEZAS ESPIRITUALES PERSONALES

En las semanas anteriores usted examinó las fortalezas enemigas de la amargura, el lenguaje que usa, los apetitos carnales, el ritual religioso y la codicia. Hoy contemple el área del orgullo en su vida y considere en oración cómo podría guiarlo el Señor para destruir dicha fortaleza enemiga.

Lea los versículos que aparecen en el margen y que abarcan la fortaleza enemiga del orgullo. Si nuestra humildad es auténtica, nos ocupamos primero de nuestros propios defectos antes de juzgar a otra persona. Mantenemos controlada nuestra opinión de nosotros mismos y ponemos a los demás en primer lugar.

Después de leer los versículos bíblicos, describa el área de orgullo que haya en su vida y que debe destruir. Describa, asimismo, lo que debe hacer para lograrlo y las armas espirituales que se deben usar para demolerla. Más tarde en esta semana tomará nota de su progreso. He aquí un ejemplo.

Fortaleza espiritual a demoler: La idea de cultivar amistad con una persona en necesidad me desfavorece. Temer por lo que pensarían mis amigos si me vieran entablando relación con alguien que tiene menos ventajas que yo.

Qué debo hacer para demolerla: Abandonar mi orgullo y preocupación por lo que otros pensarían de mí. Hacer lo que Dios me ordena.

Arma espiritual que se usará: El cinturón de la verdad (para recordarme lo que dice la Biblia acerca de las trampas del orgullo y para verme como realmente soy a los ojos de Dios en lugar de compararme con los demás).

Ahora experiméntelo usted.

Fortaleza espiritual a demoler: ______________________________
Qué debo hacer para demolerla: ______________________________

Arma(s) espiritual(es) que se usará(n): ____________________

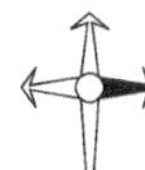 **Esta semana, demuéstrele cada día el amor de Dios a alguien.**

 **Siga preparando su diario personal de oración que usará en el taller de oración que se celebra después de este estudio. Consulte las páginas 87-89 para examinar los elementos que necesitará en su diario.**

 **Hoy lea Salmos 119:161-168 durante su devocional. Permítale a Dios que le hable por medio de este pasaje. Luego complete la guía diaria de comunión con el Maestro.**

DÍA 2

Conozca a Dios

Hoy seguirá estudiando los principios de la guerra espiritual. Lea la segunda manera de ganar las batallas, la cual aparece a continuación en letra negrita. Escriba el primer principio que aprendió.

LOS CINCO PRINCIPIOS DE LA GUERRA ESPIRITUAL
1. ____________________
2. **El principio de conocer a Dios**
3. El principio de depender de Dios
4. El principio de creer a Dios
5. El principio de adorar a Dios

Hoy comenzará su estudio examinando el principio de conocer a Dios. Como consecuencia de conocer a Dios, puede orar confiando en:

- Su persona;
- Sus promesas;
- Sus propósitos;
- Sus hechos pasados.

LA PERSONA DE DIOS

Lea 2 Crónicas 20:6 en la página 112 y averigüe cómo Josafat enfrentó la amenaza de ataque por parte de tres ejércitos poderosos. Subraye las palabras que usó Josafat para describir el poder de Dios.

¿Cuán grande es el Dios a quien usted ora? Para conocerlo hará falta toda la eternidad, sin embargo, parcialmente usted puede comprender quién es Dios al leer su Palabra o al contemplar los cielos que Él creó.

GUÍA DIARIA DE COMUNIÓN CON EL MAESTRO

SALMOS 119:161-168

Qué me dijo Dios:

____

____

____

____

____

____

____

____

Qué le dije yo a Dios:

____

____

____

____

____

____

____

____

____

____

Jehová Dios de nuestros padres, ¿no eres tú Dios en los cielos, y tienes dominio sobre todos los reinos de las naciones? ¿No está en tu mano tal fuerza y poder, que no hay quien te resista? (2 Crónicas 20:6).

El telescopio espacial *Hubble* ha trazado un mapa del universo y se ha determinado que este es mucho más grande de lo que originalmente habían imaginado los científicos. Afirman que apenas hemos visto la luz que se originó hace 15 mil millones de años-luz. Anteriormente pensaban que la mayor estructura existente en todo el universo era algo denominado el gran muro. Medía 200 millones de años-luz de ancho. Pero con esta exploración descubrieron que la mayor estructura tiene un ancho de 10 mil millones de años-luz, es decir, 97,000 billones de kilómetros.[1]

¿Sabe usted cómo ve Dios al universo? Isaías 40:12 lo describe:

¿Quién midió las aguas con el hueco de su mano
y los cielos con su palmo?

En algún lugar de ese universo se encuentra lo que los científicos denominarían un sistema solar de tercera categoría, que incluye una pequeña estrella que llamamos el sol, alrededor de la cual circulan algunos planetas. A uno de esos planetas llamamos el mundo al que Dios amó tanto que dio a su Hijo unigénito para redimirlo (véase Juan 3:16).

¿Qué siente al reconocer que el Dios que creó un universo de tal magnitud se preocupa por usted cuando usted ora en medio de la guerra espiritual?

- ❑ **No puedo creer que yo le preocupe tanto a Él.**
- ❑ **Deseo invocar el poder de Dios para derrotar a Satanás en mis batallas.**
- ❑ **Me cuesta creerlo. Siento que no lo merezco.**
- ❑ **Otra respuesta: ____________________________**

PROMESAS DE DIOS

Usted puede orar confiando en sus promesas porque conoce a Dios.

Lea en el margen 2 Crónicas 20:7. ¿En qué promesa confió Josafat cuando oró? ____________________________

Dios nuestro, ¿no echaste tú los moradores de esta tierra delante de tu pueblo Israel, y la diste a la descendencia de Abraham tu amigo para siempre? (2 Crónicas 20:7).

Josafat basó su oración en la promesa de Dios a Abraham en Génesis 12:3 de dar a los israelitas la tierra: "Bendeciré a los que te bendijeren, y a los que te maldijeren maldeciré; y serán benditas en ti todas las familias de la tierra", como así también en la promesa de Josué 1:3: "Yo os he entregado, como lo había dicho a Moisés, todo lugar que pisare la planta de vuestro pie". La oración de Josafat afirmaba que el pueblo residía en la tierra que Dios le había prometido, y en ese momento venían aquellos ejércitos a arrebatársela.

En 2 Crónicas 20:8-9 Josafat mencionó una segunda promesa:

Lea en el margen 2 Crónicas 20:8-9. ¿Qué creía Josafat que Dios había prometido hacer?

____

Cuando usted ore en medio de la guerra espiritual, ore confiando no sólo en quién Dios es y lo que Él hace, sino también en lo que ha prometido. Josafat creyó que Dios había prometido salvar a los israelitas. En muchas de mis experiencias yo no hubiera avanzado si no fuera porque Dios me había mandado a proseguir.

Y ellos han habitado en ella [la tierra], y te han edificado en ella santuario a tu nombre, diciendo: Si mal viniere sobre nosotros, o espada de castigo, o pestilencia, o hambre, nos presentaremos delante de esta casa, y delante de ti (porque tu nombre está en esta casa), y a causa de nuestras tribulaciones clamaremos a ti, y tú nos oirás y salvarás (2 Crónicas 20:8-9).

Escriba las dos primeras cualidades de Dios por las que puede orar confiado.

1. Su ____________________________
2. Sus ___________________________
3. Sus propósitos
4. Sus hechos pasados

LOS PROPÓSITOS DE DIOS

Como consecuencia de conocer a Dios, usted puede orar de acuerdo a sus propósitos. Descubra, mirando al pasado, qué deseaba Dios que sucediera. En 2 Crónicas 20:8-9 Josafat evocó las intenciones de Dios para con los israelitas.

Lea en el margen 2 Crónicas 20:8-9. ¿Cuál era el propósito de Dios para el pueblo de Israel?

____

Josafat le recordó a Dios que su propósito era establecerlos en esa tierra. Josafat identificó el propósito de Dios, general y a largo plazo, al afirmar: "Estamos en medio de tu propósito, oh Dios. Una razón por la cual pedimos respuesta es que estamos haciendo lo que tú quisiste que hiciéramos".

LOS HECHOS PASADOS DE DIOS

Como consecuencia de conocer a Dios, usted puede orar de acuerdo a sus hechos pasados. Josafat lo hizo en 2 Crónicas 20:10-11: "Ahora, pues, he aquí los hijos de Amón y de Moab, y los del monte de Seir, a cuya tierra no quisiste que pasase Israel cuando venía de la tierra de Egipto, sino que se apartase de ellos, y no los destruyese; he aquí ellos nos dan el pago viniendo a arrojarnos de la heredad que tú nos diste en posesión".

Basándose en sus hechos pasados, la petición de Josafat a Dios era esta: "Vienen a destruir la tierra que tú nos prometiste. Si esa era tu voluntad, entonces cómo se relaciona esto con tu voluntad ahora?" Eso es lo que Henry Blackaby denomina una señal espiritual en *Mi experiencia con Dios*, es una ocasión en la que usted se dio cuenta de que Dios le había hablado o lo había guiado.[2] Al enfrentar un problema en la guerra espiritual, mencione aquella ocasión y pregúntele a Dios: "¿Qué relación tiene mi situación actual con las ocasiones en que supe que me hablaste o me guiaste?" Lo que Dios hace es armónico. Lo que Dios le

Lo que Dios le ordene hacer ahora estará en armonía con lo que le ordenó en otras circunstancias importantes de su vida.

GUÍA DIARIA DE COMUNIÓN CON EL MAESTRO

SALMOS 119:169-176

Qué me dijo Dios:

____

____

____

____

____

____

____

____

Qué le dije yo a Dios:

____

____

____

____

____

____

____

____

____

____

ordene hacer ahora estará en armonía con lo que le ordenó en otras circunstancias importantes de su vida. Su respuesta a la oración seguirá completando la buena obra que empezó en usted (véase Filipenes 1:6).

Describa una señal espiritual que le recordó los hechos pasados de Dios y que lo ayudaron a usted a tomar una decisión.

____

Repase el principio del conocimiento de Dios escribiendo las cuatro cualidades divinas en las cuales puede orar confiado:
1. Su ________________________________
2. Sus ________________________________
3. Sus ________________________________
4. Sus ________________________________

La oración constituye el filo, el contacto con Dios que hace que todo se cumpla. Al aplicar el principio de conocer a Dios, usted ora basándose en su persona, sus promesas, sus propósitos y sus hechos pasados.

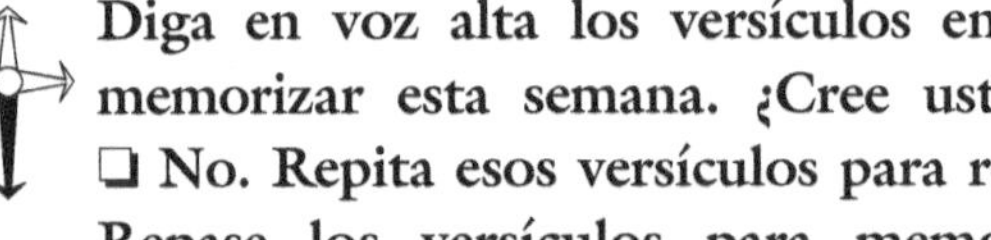

Diga en voz alta los versículos en Efesios 3:20-21 para memorizar esta semana. ¿Cree usted esa promesa? ❑ Sí ❑ No. Repita esos versículos para recordar dicha promesa. Repase los versículos para memorizar de las semanas anteriores.

Cuando usted ministre a alguien, quizás cumpla una promesa a la oración de dicha persona. Sírvale a alguien que necesite de su ayuda. Podría ayudar a alguien que esté enfermo, limitado a permanecer en su casa, solitario o hambriento. Puede visitar a esa persona, escribirle una tarjeta o telefonearle, o bien hacer lo que usted piense que podría ministrarla.

VÍSTASE CON LA ARMADURA ESPIRITUAL

El estudio de esta semana destaca la importancia del cinturón de la verdad, el último elemento de la armadura espiritual. Pase a las páginas 129-131 y repase la armadura espiritual, prestando especial atención al cinturón de la verdad. Al finalizar el estudio podrá explicar en sus propias palabras cómo usar la armadura espiritual.

Imagínese el cinturón de la verdad, que sujeta en su lugar el resto de la armadura. *Verdad* significa *integridad y rectitud moral.* Permítame recordarle hacer lo siguiente:

1. Cuando ore o pelee una batalla espiritual sea honesto con usted mismo y con Dios.
2. Aférrese a la verdad. A Satanás, el padre de la mentira, le gustaría engañarlo.
3. Domine sus emociones. Las emociones deben guiarse por la verdad

en lugar de por la carne o Satanás. La Biblia se refiere al área del cuerpo que cubre el cinturón de la verdad como las *entrañas* o *lomos*, es decir las partes internas, que se relacionan con el sitio donde residen los sentimientos o con los sentimientos mismos. El cinturón de la verdad lo ayuda a controlar sus emociones y a no hacer concesiones debido a lo que siente. Si el cinturón de la verdad no está en su sitio, no espere que sus oraciones sean respondidas.

¿Ha notado que la armadura espiritual cubre las partes de la personalidad que estudió en *Vida discipular 2: La personalidad del discípulo*? El yelmo de la salvación le protege la mente. La coraza de justicia le protege la voluntad. El cinturón de la verdad le protege las emociones.

Concéntrese ahora en los tres primeros recordatorios. Deténgase y pídale a Dios que pueda ser honesto al orar o al pelear una batalla espiritual. Pida por su fortaleza para no hacer concesiones contra la verdad en razón de lo que usted sienta al participar en la guerra espiritual.

Hoy lea Salmos 119:169-176 durante su devocional. Permita que Dios le hable por medio de este pasaje. Luego complete la guía diaria de comunión con el Maestro de la página 114.

DÍA 3

Dependa de Dios

Después de haber buscado la ayuda de Dios y de haber reconocido la capacidad de Él para ocuparse de su problema, confíe en Dios para que le muestre el camino. Depender de Dios, abajo en negrita, es el tercero de los cinco principios de la guerra espiritual que está estudiando. Escriba los dos primeros que ya aprendió.

Dependa de Dios para que le muestre el camino.

LOS CINCO PRINCIPIOS DE LA GUERRA ESPIRITUAL

1. El principio ________________
2. El principio ________________
3. **El principio de depender de Dios**
4. El principio de creer en Dios
5. El principio de adorar a Dios

GANE LA BATALLA DE RODILLAS

Mientras Josafat aguardaba el sitio llegó el profeta Jahaziel y le dio un mensaje del Señor.

Y estaba allí Jahaziel hijo de Zacarías, hijo de Benaía, hijo de Jeiel, hijo de Matanías, levita de los hijos de Azaf, sobre el cual vino el Espíritu de Jehová en medio de la reunión; y dijo: Oíd, Judá todo, y vosotros moradores de Jerusalén, y tú, rey Josafat. Jehová os dice así: No temáis ni os amedrentéis delante de esta multitud tan grande, porque no es vuestra la guerra, sino de Dios (2 Crónicas 20:14-15).

Mañana descenderéis contra ellos; he aquí que ellos subirán por la cuesta de Sis, y los hallaréis junto al arroyo, antes del desierto de Jeruel. No habrá para qué peleéis vosotros en este caso; paraos, estad quietos, y ved la salvación de Jehová con vosotros. Oh Judá y Jerusalén, no temáis no desmayéis; salid mañana contra ellos, porque Jehová estará con vosotros (2 Crónicas 20:16-17).

Lea 2 Crónicas 20:14-15, en el margen. Subraye las palabras clave que le dieron valor a Josafat. Describa algunas formas para aplicarlas. ______________________________

Como el profeta le recordó a Josafat, Dios controla la situación incluso en circunstancias desesperantes cuando usted ora confiado en Él y su voluntad revelada. A pesar de que en tales situaciones la desesperación es natural, Dios puede ganar la batalla contra todas las probabilidades humanas. La certeza de que Dios marcha a la guerra por usted y lo defiende, le asegura que puede entregarle la batalla y permitirle ser el guerrero poderoso en lugar de confiar en su propia fuerza.

Luego el profeta lo aconsejó acerca de los hechos que tendrían lugar. Lea 2 Crónicas 20:16-17 en el margen. El profeta le dijo a Josafat que él no tendría que pelear. En medio de su batalla, busque que el Señor le indique qué hacer. La oración lo conduce a la Palabra de Dios y contribuye a aplicarla, por fe, a su situación. Si Dios le dice que avance, hágalo dependiendo de Él. Pero primero debe ganar la batalla de rodillas. Una vez que usted reconozca que la batalla le pertenece a Él, avance confiadamente.

ÁRMESE PARA LA BATALLA

John Piper comenta que, en 1 Timoteo, la palabra griega para *pelear* (*agonizethai*, de la cual se deriva el término *agonizar*) se usa repetidas veces para describir la vida cristiana.[3] Jesús dijo: "Esforzaos a entrar por la puerta angosta; porque os digo que muchos procurarán entrar, y no podrán" (Lucas 13:24). Pablo comparó la vida cristiana con una carrera atlética: "Todo aquel que lucha, de todo se abstiene; ellos, a la verdad, para recibir una corona corruptible, pero nosotros, una incorruptible" (1 Corintios 9:25). Pablo describía la experiencia de correr una carrera, de boxear y de luchar contra las fuerzas de su propio cuerpo. En 1 Corintios 9-26:27, él escribió: "Así que, yo de esta manera corro, no como a la ventura; de esta manera peleo, no como quien golpea el aire, sino que golpeo mi cuerpo, y lo pongo en servidumbre, no sea que habiendo sido heraldo para otros, yo mismo venga a ser eliminado [no me otorguen el premio]". Pablo se esforzaba con todas las energías que Dios le dio, y mantenía su cuerpo sujeto a servidumbre.

Marque las palabras o rasgos personales que más lo caractericen a usted a fin de poder vencer en la guerra espiritual.

❑ **generoso**	❑ **confiable**
❑ **dispuesto a escuchar**	❑ **realista**
❑ **tenaz**	❑ **optimista**
❑ **leal**	❑ **equilibrado**
❑ **afectuoso**	❑ **creativo**

Refresque en la memoria los versículos para esta semana. ¿Por qué debe glorificar al Padre?______________

Al Padre se le debe la gloria porque puede hacer todas las cosas mucho más abundantemente de lo que podemos imaginar. Para Él no es problema luchar la batalla más insuperable debido a su poder.

VÍSTASE CON LA ARMADURA ESPIRITUAL

El día 2 usted estudió la importancia de ceñirse el cinturón de la verdad. También aprendió tres pasos para ceñirse el cinturón de la verdad. Repáselos en la página 115.

Concéntrese ahora en el segundo recordatorio. Deténgase y pídale a Dios que lo ayude a aferrarse a la verdad de su Palabra y a no ser víctima de lo que Satanás desea.

Hoy lea 2 Crónicas 20:1-29 durante su devocional. Es el pasaje que estamos estudiando acerca de la reacción de Josafat ante el ataque de los tres reyes. Permita que Dios le hable por medio de este pasaje. Luego complete la guía diaria de comunión con el Maestro que aparece en el margen.

DÍA 4

Crea a Dios

Dios quiere que vivamos por fe, creyendo en su Palabra. Tras reclamar para sí la promesa entregada por el profeta, Josafat se inclinó y adoró al Señor. Lea 2 Crónicas 20:18 en la página 118.

Cuando Dios le dé un mensaje, reclame su promesa y créale. Acepte la promesa de que Dios cuidará de usted, incluso cuando todas las probabilidades en su contra parezcan invencibles. El principio de creer a Dios, debajo en negritas, es el cuarto de los cinco principios para ganar la guerra espiritual. Escriba los tres principios que ya estudió.

LOS CINCO PRINCIPIOS DE LA GUERRA ESPIRITUAL

1. El principio ________________
2. El principio ________________
3. El principio ________________
4. **El principio de creer a Dios**
5. El principio de adorar a Dios

LA SEÑALES QUE USTED CREE

Una manera de comprobar que una persona cree a Dios es cuando comienza a alabarlo por lo que Él ha prometido. Debido a que Josafat conocía la promesa de Dios, lo alabó. El rey reverenciaba a Dios por sus hechos poderosos. Josafat sabía quién había hablado y lo creyó. Antes

GUÍA DIARIA DE COMUNIÓN CON EL MAESTRO

2 CRÓNICAS 20:1-29

Qué me dijo Dios:

____

____

____

____

____

____

____

____

Qué le dije yo a Dios:

____

____

____

____

____

____

____

____

____

____

Entonces Josafat se inclinó rostro a tierra, y asimismo todo Judá y los moradores de Jerusalén se postraron delante de Jehová, y adoraron a Jehová (2 Crónicas 20:18).

Y se levantaron los levitas de los hijos de Coat y de los hijos de Coré, para alabar a Jehová el Dios de Israel con fuerte y alta voz (2 Crónicas 20:19).

Y cuando se levantaron por la mañana, salieron al desierto de Tecoa. Y mientras ellos salían, Josafat, estando en pie, dijo: Oídme, Judá y moradores de Jerusalén. Creed en Jehová vuestro Dios, y estaréis seguros; creed a sus profetas, y seréis prosperados (2 Crónicas 20:20).

Un ángel del Señor habló a Felipe, diciendo: Levántate y ve hacia el sur, por el camino que desciende de Jerusalén a Gaza, el cual es desierto. Entonces él se levantó y fue. Y sucedió que un etíope, eunuco, funcionario de Candace reina de los etíopes, el cual estaba sobre todos sus tesoros, y había venido a Jerusalén para adorar, volvía sentado en su carro, y leyendo al profeta Isaías. Y el Espíritu dijo a Felipe: Acércate y júntate a ese carro. Entonces Felipe, abriendo su boca, y comenzando desde esta escritura, le anunció el evangelio de Jesús. Y yendo por el camino, llegaron a cierta agua, y dijo el eunuco: Aquí hay agua; ¿qué impide que yo sea bautizado? Felipe le dijo: Si crees de todo corazón, bien puedes. Y respondiendo, dijo: Creo que Jesucristo es el Hijo de Dios (Hechos 8:26-29, 35-37).

de decidir cualquiera otra medida, Josafat se inclinó ante Dios, quien merecía tal alabanza.

Josafat demostró su fe no sólo cuando alabó a Dios sino también cuando guió a los demás a alabarlo. Lea el versículo 19 en el margen. Es muy importante que usted imite la reacción de Josafat y el pueblo: Respondieron inmediatamente a la presencia y la obra del Señor en su vida, creyendo en lo que Dios les había dicho.

Siga el ejemplo de Josafat al orar. Si Dios le ha hecho una promesa bíblica para enfrentar un problema, alábelo por quien Él es y por la manera que usted cree que obrará.

La segunda manera de comprobar que Josafat creyó a Dios es que le obedeció. Después de alabar a Dios junto al pueblo, Josafat procedió según lo que Dios le había dicho. Creyó y obedeció. Lea 2 Crónicas 20:20, en el margen. Josafat no sólo creyó a Dios, sino que también estimuló la fe de otros.

Temprano al día siguiente Josafat animó las tropas y las convocó a tener fe. Aunque sabía que los poderosos ejércitos de los tres reyes estaban preparados para aplastarlos, Josafat le dijo a sus soldados que debían avanzar. Él creyó, obedeció y exhortó a los demás a la obediencia. Cuando usted se encuentra en una guerra espiritual, gane la batalla de rodillas y obedezca la dirección que Dios le da.

El mismo principio de creer y obedecer se aplicó cuando se le ordenó a Felipe que descendiera al desierto para ministrar al eunuco. Quizás la orden de Dios tenía poco sentido para Felipe. Había proclamado a Cristo en Samaria, donde tuvo lugar un gran avivamiento. Pocas personas vivían en el desierto. Sin embargo, Dios sabía que el eunuco estaría allí, que necesitaba del evangelio y que luego llevaría el evangelio a Etiopía. Todo eso era parte del plan de Dios. Lea los versículos de Hechos que aparecen en el margen.

Describa una ocasión en la que usted obedeció a Dios aunque tuvo poco sentido lo que Él le dijo que hiciera.

___

Dios lo dirige por donde Él planea darle la victoria, pero usted debe obedecer a Dios para experimentarla. Hay ocasiones en que Dios lo aleja de las multitudes (las grandes cosas) para ocuparse de un individuo... algo aparentemente pequeño.

Siga aprendiendo los versículos para memorizar esta semana. Trate de escribirlos de memoria en un papel.

VÍSTASE CON LA ARMADURA ESPIRITUAL

Esta semana ha aprendido la importancia de ceñirse el cinturón de la verdad mientras estudiaba la presentación de la armadura espiritual.

Aprendió tres pasos para ceñirse el cinturón de la verdad. Repáselos en la página 115.

Concéntrese ahora en el tercer recordatorio. Deténgase y pídale a Dios que lo ayude a dominar sus emociones y a sentirse guiado por la verdad en lugar de por la carne y Satanás. Pídale ayuda para no hacer concesiones contra la verdad en razón de lo que usted sienta.

Explíquele a alguien la presentación completa de la armadura espiritual.

TALLER DE ORACIÓN

Al acercarse el final de este estudio, usted se preparará para el taller de oración que pronto se celebrará. Será una ocasión para orar durante medio día. Quizás se pregunte cómo es posible orar por un tiempo prolongado. La mayoría de las personas dan testimonio de que después de poner en marcha el taller, medio día no es suficiente. Asimismo, para casi todos dicho taller es una experiencia que les ha cambiado la vida.

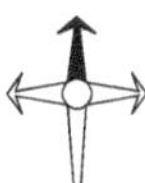

Para prepararse mejor para el taller de oración y para futuras ocasiones lea la "Guía para la oración extendida".

GUÍA PARA LA ORACIÓN EXTENDIDA

Jesús es nuestro modelo

Toda la vida y ministerio de Jesús estaban impregnadas de oración. Jesús oraba durante las siguientes ocasiones.

1. Cuando estaba ocupado (véase Marcos 1:35)
2. Cuando estaba cansado (véase Marcos 14:23)
3. Cuando necesitaba tomar una decisión (véase Lucas 6:12)
4. Cuando se preparó para lanzar su ministerio (véase Lucas 4:1-2)
5. Cuando enfrentó la cruz (véase Mateo 26:39-44). Cuando usted afronta llevar su cruz o realiza un servicio sacrificial, una sesión de oración extendida puede prepararlo para las pruebas que afronta.
6. Cuando necesitaba:
   - comunión con el Padre (véase Juan 17);
   - fortaleza para realizar su ministerio (véase Mateo 26:39-44);
   - conocer la voluntad del Padre (véase Mateo 26:39-44);
   - interceder por otros (véase Lucas 6:12; Juan 17).

¿Cuándo se debe orar?

1. Cuando desee glorificar a Dios y expresarle su amor.
2. Cuando necesite comunión con el Maestro.
3. Cuando necesite orientación.
4. Cuando necesite fortaleza.
5. Cuando enfrente una etapa nueva o decisiva del ministerio.
6. Cuando necesite un despertar espiritual.

GUÍA DIARIA DE COMUNIÓN CON EL MAESTRO

HECHOS 8

Qué me dijo Dios:

Qué le dije yo a Dios:

7. Cuando otros necesiten de las oraciones suyas.
8. Cuando no se cumpla en la tierra la voluntad del Señor.
9. Cuando hagan falta obreros para la cosecha.

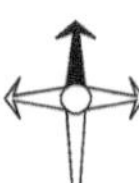

Pídale a Dios que le revele cómo orar durante el taller de oración que pronto se celebrará.

Hoy lea en Hechos 8 el relato completo de Felipe y el eunuco en su devocional. Permita que Dios le hable por medio de este pasaje. Luego complete la guía diaria de comunión con el Maestro que aparece en el margen de la página 119.

DÍA 5

Adore a Dios

Y habido consejo con el pueblo, puso a algunos que cantasen y alabasen a Jehová, vestidos de ornamentos sagrados, mientras salía la gente armada, y que dijesen: Glorificad a Jehová, porque su misericordia es para siempre (2 Crónicas 20:21).

Los judíos alabaron a Dios en 2 Crónicas 20:18-19 (el pasaje que usted leyó ayer), celebrando la victoria antes de la batalla. Cuando realmente usted cree en Dios, lo alaba. Asimismo, aunque todavía no habían ido a la batalla, Josafat estaba adorando a Dios. Esto nos lleva al quinto principio de la guerra espiritual, que aparece a continuación en negritas. Escriba los cuatro principios que ya ha estudiado.

LOS CINCO PRINCIPIOS DE LA GUERRA ESPIRITUAL
1. El principio ________________
2. El principio ________________
3. El principio ________________
4. El principio ________________
5. **El principio de adorar a Dios**

Josafat hizo algo insólito. Para enterarse de eso, lea 2 Crónicas 20:21, en el margen. ¿Por qué piensa usted que él hizo eso?

____

Y cuando comenzaron a entonar cantos de alabanza, Jehová puso contra los hijos de Amón, de Moab y del monte de Seir, las emboscadas de ellos mismos que venían contra Judá, y se mataron los unos a los otros. Porque los hijos de Amón y Moab se levantaron contra los del Monte de Seir para matarlos y destruirlos; y cuando hubieron acabado con los del monte de Seir, cada cual ayudó a la destrucción de su compañero. Y luego que vino Judá a la torre del desierto, miraron hacia la multitud, y he aquí yacían ellos en tierra, muertos, pues ninguno había escapado (2 Crónicas 20:22-24).

Josafat hizo marchar al coro delante del ejército porque creyó que sus soldados no tendrían que pelear. Creyó en las promesas que había recibido de Dios: "No habrá para qué peleéis vosotros en este caso; paraos, estad quietos, y ved la salvación de Jehová con vosotros. Oh Judá y Jerusalén, no temáis no desmayéis; salid mañana contra ellos, porque Jehová estará con vosotros" (v. 17). Dios le había dicho que la batalla le pertenecía y Josafat lo creyó.

DIOS ENTREGA LA VICTORIA

¿Qué sucedió después? Lea 2 Crónicas 20:22-24 en el margen. En el momento en que el pueblo comenzó a alabar a Dios, los enemigos comenzaron a matarse unos a otros. Cuando Josafat y su ejército llegaron, esperaban encontrar un enorme ejército, pero sólo vieron cadáveres. Dios había sido fiel a su Palabra. Finalmente no tuvieron que pelear la batalla.

Este relato de la vida de Josafat no significa que usted no tendrá que pelear batallas. El secreto está en ganar la batalla de rodillas. El Señor pelea por usted. Por esta razón David pudo matar a Goliat, Gedeón derrotó a un ejército y Sansón mató a dos mil hombres. Nuestro problema es que peleamos la batalla con nuestros propios medios, con nuestra capacidad, en lugar de aprender a oír a Dios y creerle. Debemos aprender a obedecer, aunque parezca no tener sentido.

Nuestro problema está en que peleamos la batalla con nuestros propios medios.

Describa una ocasión en la que trató de pelear una batalla por sus propios medios en lugar de depender de Dios.

____

Cuando llegaron al campo de batalla Josafat y sus hombres, necesitaron tres días para recoger el botín de guerra. Lea 2 Crónicas 2:25-28 que aparece en el margen.

Viniendo pues Josafat y su pueblo a despojarlos, hallaron entre los cadáveres muchas riquezas, así vestidos como alhajas preciosas, que tomaron para sí, tantos que no los podían llevar; tres días estuvieron recogiendo el botín, porque era mucho. Y al cuarto día se juntaron en el valle de Beraca; porque allí bendijeron a Jehová, y por esto llamaron el nombre de aquel paraje el valle de Beraca, hasta hoy. Y todo Judá y los de Jerusalén, y Josafat a la cabeza de ellos, volvieron para regresar a Jerusalén gozosos, porque Jehová les había dado gozo librándolos de sus enemigos. Y vinieron a Jerusalén con salterios, arpas y trompetas, a la casa de Jehová (2 Crónicas 20:25-28).

En 2 Crónicas 20:25-28 subraye las palabras o frases que ilustran el quinto principio de la guerra espiritual: Adorar a Dios.

La batalla del rey Josafat contra los ejércitos poderosos comenzó y terminó con la adoración a Dios. Quizás haya subrayado "allí bendijeron a Jehová" y "vinieron a Jerusalén con salterios, arpas y trompetas, a la casa de Jehová". Cuando usted le pide algo a Dios, una forma de confirmar su petición es adorarlo con un corazón agradecido.

Deténgase y alabe al Señor por quien Él es. Agradézcale haber respondido una petición reciente.

¿Utiliza usted el formulario titulado "Oremos con fe" para orar por un problema, tal como lo aprendió en la semana cuatro? ¿Le ha revelado Dios algún pasaje bíblico que se aplique a su problema? Sugiero que aplique los tres últimos pasos para orar con fe en que Él responderá. En el taller de oración que se celebrará en breve, también repasará los seis pasos para orar con fe.

CÓMO DEMOLER FORTALEZAS ESPIRITUALES PERSONALES

El día 1 usted identificó una fortaleza espiritual enemiga que deseaba destruir en el área del orgullo. Escriba hoy un informe sobre cómo ha usado armas espirituales para destruir dicha fortaleza enemiga.

Cómo estoy usando arma(s) espiritual(es) para destruir la fortaleza enemiga del orgullo:

____

GUÍA DIARIA DE COMUNIÓN CON EL MAESTRO

1 Samuel 15

Qué me dijo Dios:

Qué le dije yo a Dios:

NUESTRO TESTIMONIO A QUIENES NOS RODEAN

En el curso de este estudio usted ha anotado nombres de personas inconversas en el "Gráfico de círculos de influencia". Asimismo se ha dedicado a extender el círculo de su testimonio. Ha aprendido a usar un cuaderno para testificar a una persona inconversa. En el libro dos también aprendió a presentarle su testimonio a una persona inconversa. He aquí una oportunidad que tuve una vez.

Tras devolver un automóvil alquilado en una agencia a unos 10 minutos de viaje del aeropuerto de Albuquerque (New Mexico, E.U.A.), me puse a conversar con el conductor que me llevaba a tomar mi avión. Era un estudiante universitario que trabajaba durante el verano para ganar algún dinero adicional para sus gastos de estudio. Le pregunté en qué asignatura se especializaba y me lo dijo. Le pregunté qué deseaba hacer en la vida, y me lo dijo. Y luego le pregunté: "¿Y después de eso, qué hará?" Y respondió: "Supongo que me casaré, tendré hijos, ganaré mucho dinero y lo disfrutaré". Yo seguí preguntándole: "¿Y después de eso, qué hará?" hasta que él se dio cuenta que se le agotaba el tiempo de vida en este mundo. Entonces me dijo: "Creo que no había pensado en eso". Le contesté: "Es muy importante que lo piense, porque sólo cuando haya respondido esa pregunta, usted sabrá cómo vivir. Sólo se está preparado para vivir cuando uno está preparado para morir. A propósito, una vez yo fui como usted y tuve una experiencia que cambió mi vida. ¿Puedo contársela?" Me dijo que sí y le presenté mi testimonio.

Cuando terminé y llegamos al aeropuerto, le pregunté: "¿Está dispuesto a arrepentirse de sus pecados y confesar en este mismo momento su fe en Jesucristo? Podemos inclinar la cabeza en oración y usted puede pedirle a Cristo que venga a su vida". El joven lo hizo de inmediato.

Ore con su compañero de oración, personalmente o por teléfono, para que usted pueda presentarle su testimonio a una persona inconversa.

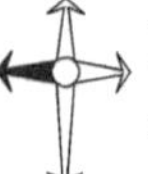

Preséntele a alguien su testimonio personal o hágalo mediante un cuaderno para testificar.

En su devocional de hoy lea 1 Samuel 15, el pasaje completo que relata la desobediencia de Saúl a Dios. Luego complete la guía diaria de comunión con el Maestro.

En una hoja de papel, escriba de memoria los seis pasajes bíblicos que memorizó durante este estudio.

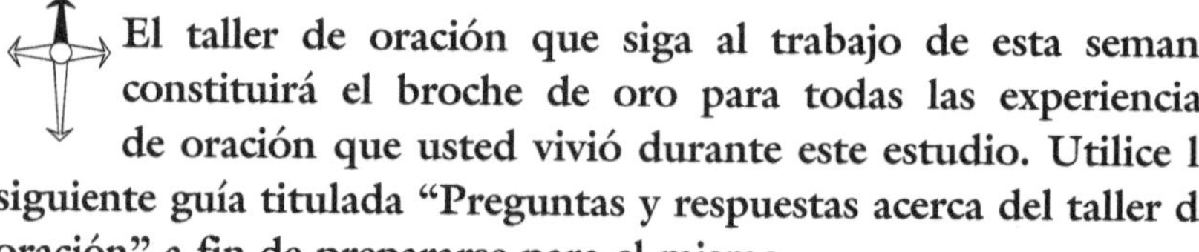

El taller de oración que siga al trabajo de esta semana constituirá el broche de oro para todas las experiencias de oración que usted vivió durante este estudio. Utilice la siguiente guía titulada "Preguntas y respuestas acerca del taller de oración" a fin de prepararse para el mismo.

PREGUNTAS Y RESPUESTAS ACERCA DEL TALLER DE ORACIÓN

¿Para qué hacerlo?
1. Para tener una comunión con Dios extendida e ininterrumpida
2. Para evaluar lo que Dios hace en su vida y lo que le dice
3. Para consolidar su relación con Cristo en todos los aspectos de su vida
4. Para recibir la guía para planes y ministerios en el futuro
5. Para concentrar su atención en los motivos de oración de mayor importancia
6. Para interceder por otros

¿Por qué debe durar medio día?
1. Para prepararlo a un ministerio mayor. Jesús pasó mucho tiempo orando antes de comenzar una etapa nueva en su ministerio.
2. Porque es fundamental para un desarrollo continuo de su vida discipular.

La oración extendida es fundamental en su vida de discípulo.

¿Qué debo traer?
1. Biblia (cualquier versión que tenga).
2. Los libros de *Vida discipular* que haya terminado.
3. Su diario de oración que comenzó a hacer en la semana 5.
4. Papel o una libreta y lápices o plumas.
5. Metas de la vida hasta la fecha.
6. Merienda o almuerzo si el líder del grupo lo pide.
7. Los versículos para memorizar de los libros 1, 2 y 3.

¿Cuál es el horario?
1. Anuncios: 5 minutos
2. Oración individual: 3 horas
3. Tiempo para oración e intercambio: 20 minutos
4. Presentatión del Maestro constructor: 30 minutos
5. Conclusión: 5 minutos

¿Cómo podré orar durante tanto tiempo?
1. Orar es conversar con Dios. Escuche a Dios, por lo menos, tanto como usted le habla a Él.
2. Use los motivos de oración que tiene en su diario de oración personal, tantos como usted desee. Incluya todos los elementos de la oración: "Guía a la acción de gracias" (p. 13), "Guía a la alabanza" (pp. 36-37), "Guía a la confesión y el perdón" (pp. 54-55), "Guía para orar con fe" (p. 68), "Guía a la intercesión" (p. 100) y "Guía para la oración extendida" (p. 119). También puede usar los conceptos que estudió en la presentación de la "Personalidad del discípulo" y de la "Armadura espiritual" (127-131) para guiarse en su oración.

Escuche a Dios, por lo menos, tanto como usted le habla a Él.

Consulte sus notas para prepararse para la próxima sesión extensa de oración y asegurarse de que haya un balance en sus oraciones.

Detecte cualquier patrón sobre qué le ha dicho Dios y/o qué le ha dicho usted a Él.

3. Use la "Lista para el pacto de oración" para orar por las necesidades de los demás.
4. Use la sección relacionada a la sección de la guía personal de su diario de oración.
   - Lea las Guías diarias de comunión con el Maestro para detectar patrones en lo que Dios le ha dicho y qué le dijo usted a Él. Note cuáles han sido las respuestas a sus oraciones, las evidencias de crecimiento espiritual, las nuevas perspectivas y los motivos por los que necesite orar.
   - Repase el propósito de su vida, y las hojas de planeamiento. Pídale a Dios que lo ayude a completar estos asuntos.
   - Concentre sus oraciones en el progreso obtenido en las metas.
5. Lea su Biblia. Escuche qué le dice Dios. Medite en los versículos que memorizó. Repase el trabajo diario en sus libros de *Vida discipular* y la aplicación que ha hecho de ellos.
6. Pídale a Dios que perdone sus faltas y continúe orando por otras personas.
7. Piense en sus recursos como en una mesa con diferentes comidas. Comience con la que quiera y regrese por más tantas veces como desee.

¿Qué puedo hacer si pienso en otras cosas?

1. Ore por cualquier motivo que se le ocurra. Tal vez Dios pone eso en su mente para que medite sobre ese tema.
2. Escriba las cosas que necesita hacer para no olvidarlas.
3. Haga una lista con las cosas que tiene en mente. Pregúntele a Dios por qué. No es que vaya a darle un discurso a Dios si no que se está comunicando con Él. Usted dialoga con Él aún cuando piensa.

¿Cómo puedo estar alerta y despierto?

1. Orando en voz alta.
2. Varíe lo que está haciendo, como por ejemplo: alabando, leyendo la Palabra de Dios, meditando, evaluando, orando para tener visión e intercediendo.
3. Cambie de posición: sentado, parado o de rodillas.
4. Duerma lo suficiente la noche anterior.

¿Qué puedo hacer para tener un tiempo de oración importante?

1. Lleve notas de lo que hace. Escriba la hora en que comienza y completa cada actividad.
2. Consulte sus notas para prepararse para la próxima sesión de oración extendida y asegurarse de que haya un balance en sus oraciones. Por ejemplo: si usted pasa la mayor parte del tiempo orando por sus necesidades, la próxima vez dedíquese más a orar por las necesidades de los otros.
3. Durante el momento de la oración compartida dígale al grupo lo que ha hecho y de qué manera lo ha afectado.

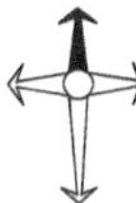

Escriba en su diario de oración una lista de los motivos por los cuales debe orar durante el taller de oración. Use las "preguntas y respuestas acerca del taller de oración" para preparar sus listas.

¿NOTÓ ALGUNA DIFERENCIA ESTA SEMANA?

Repase la sección "Mi andar con el Maestro en esta semana" al comienzo del material para esta semana. Marque las actividades que haya completado con una línea vertical en el diamante. Termine toda actividad incompleta.

¡Felicitaciones! Ha terminado su curso de estudio de *Vida discipular 3: La victoria del discípulo.* Espero que haya aprendido cómo ganar la batalla en contra del mundo, la carne y el diablo valiéndose de las promesas que Dios nos da en su Palabra y orando con fe.

El taller de oración será un paso muy importante en su relación de dependencia de Dios.

Asegúrese de preparar y de asistir al taller de oración que sigue a este estudio. Este momento de comunión con Dios puede ser diferente a cualquiera que haya experimentado antes y será un paso muy importante en su relación con Él. Además de esto, recibirá una breve presentación de *Vida discipular 4: La misión del discípulo,* que espero planee hacer próximamente. Que el Señor lo bendiga a medida que crezca en Cristo.

---

1. Paul Hoversten, USA Today, 24 de abril 1992.
2. Henry Blackaby & Claude King, Mi experiencia con Dios: Cómo conocer y hacer la voluntad de Dios (Nashville: LifeWay Press, 1990), 103.
3. John Piper, Let the Nations Be Glad! The supremacy of God in Missions [¡Regocijaos, pueblos! La soberanía de Dios en las misiones] (Grand Rapids, Mich.: Baker Books, 1993), 42.

La cruz del discípulo

La cruz del discípulo proporciona un medio para visualizar y entender sus oportunidades y responsabilidades como discípulo de Cristo. La misma describe las seis disciplinas bíblicas de una vida cristiana equilibrada. *Vida discipular 1: La cruz del discípulo* interpreta los significados bíblicos de las disciplinas e ilustra detalladamente cómo dibujar la cruz del discípulo y explicarla.

Debido a que *Vida discipular 3: La victoria del discípulo* se refiere a los elementos de la cruz del discípulo y que además sus trabajos semanales incluyen tareas relacionadas con las seis disciplinas, he aquí un breve panorama de la cruz del discípulo.

Como discípulo de Jesús, usted tiene:

1. un Señor como la primera prioridad de su vida;
2. relaciones: una relación vertical con Dios y una relación horizontal con los demás;
3. deberes: negarse a sí mismo, tomar su cruz cada día y seguir a Cristo;
4. recursos para que Cristo sea el centro de su vida: la Palabra, la oración, la comunión y el testimonio;
5. ministerios que se desarrollan a partir de los cuatro recursos: enseñanza y predicación, adoración e intercesión, cuidado mutuo, evangelización y servicio;
6. las disciplinas del discípulo: dedicar tiempo al Maestro, vivir en la Palabra, orar con fe, tener comunión con los creyentes, testificar al mundo y ministrar a otros.

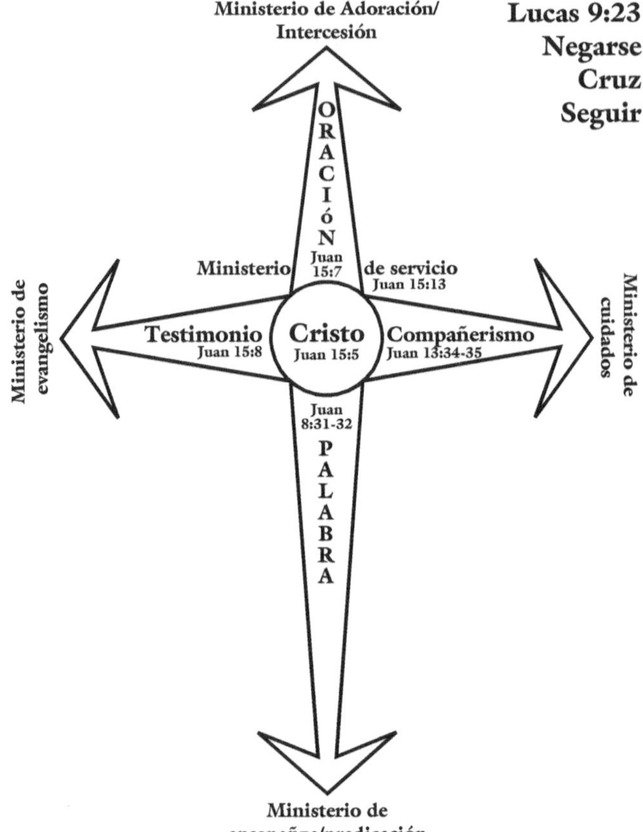

La personalidad del discípulo

La personalidad del discípulo proporciona un medio para entender por qué pensamos, sentimos y actuamos de la manera en que lo hacemos y explica de qué manera podemos semejarnos más a Cristo en carácter y conducta. *Vida discipular 2: La personalidad del discípulo* explica los principios bíblicos acerca de su personalidad e ilustra detalladamente cómo presentar la personalidad del discípulo. Debido a que *Vida discipular 3: La victoria del discípulo* se refiere a los elementos de la personalidad del discípulo, le proporcionamos a continuación un breve resumen de la presentación.

LA PERSONA NATURAL

El círculo en el centro del diagrama lo representa a usted, es decir, la totalidad de su personalidad. La Biblia lo describe a usted como una unidad. Cuando entienda cada elemento de su personalidad y cómo funcionan, descubrirá cómo integrar su personalidad bajo el señorío de Cristo. La Biblia lo describe a usted como un cuerpo, por medio del cual le es posible participar y comunicarse con la creación e identificarse como una persona única. La Biblia también lo representa como un alma, un ser íntegro, con la capacidad de pensar, actuar y sentir. La Biblia lo representa como un espíritu, el cual lo capacita para tener comunión con Dios y obrar con Él. Sin embargo, la carne, o la naturaleza más baja, entraron en su personalidad cuando cayó el hombre. La carne es la capacidad humana para pecar y seguir a Satanás en lugar de a Dios. La puerta superior del dibujo, o sea la puerta del espíritu, le permite relacionarse con Dios. La puerta inferior, o sea la puerta de la carne, le permite relacionarse con Satanás. La libertad del ser humano separará las dos puertas. El ego se hizo cargo de la situación cuando los primeros seres humanos escogieron darle la espalda a Dios y seguir a Satanás. En ese momento, la humanidad cerró la puerta del espíritu excluyendo a Dios. Por consecuencia, la humanidad heredó una naturaleza inclinada hacia el pecado y deliberadamente escogió hacer las cosas a su manera en lugar de seguir a Cristo.

EL CREYENTE CARNAL

El círculo representa al creyente carnal. Esta persona abrió la puerta del espíritu, pero también dejó abierta la puerta de la carne. En algún momento esta persona nació de nuevo por el poder del Espíritu Santo, pero no creció como debía (véase 2 Pedro 1:3-11). La letra *e* de *espíritu* tendrá una letra mayúscula *E* dibujada en la parte superior para demostrar que el Espíritu Santo

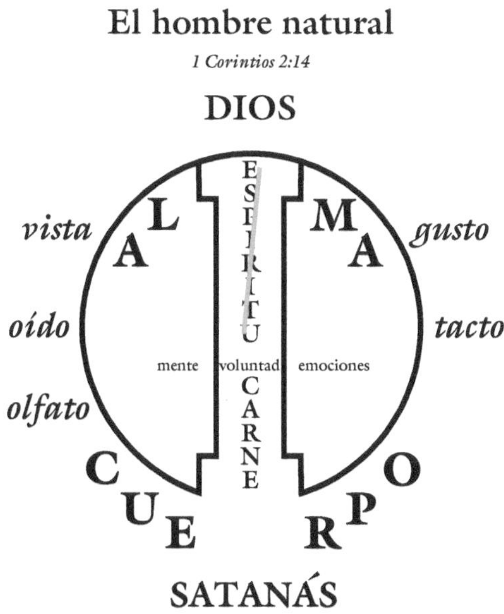

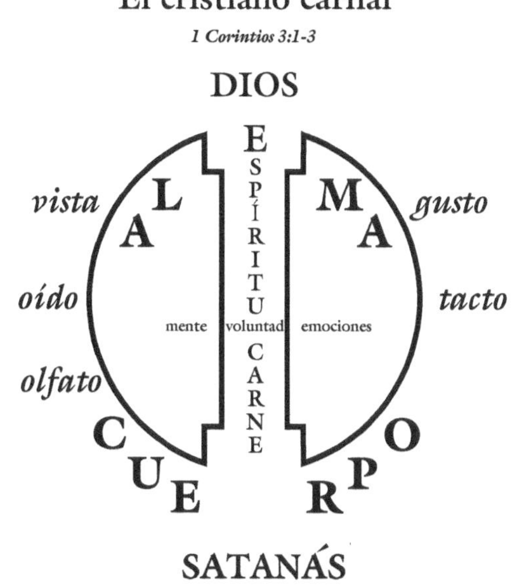

es eternamente una parte del espíritu de la persona. Sin embargo, como los creyentes carnales tienen la puerta de la carne abierta, además de la del espíritu, Satanás todavía tiene acceso a esa persona. El mundo, la carne y el diablo buscan dominar los pensamientos, la voluntad y las emociones de esas personas. Esta persona experimenta un conflicto y encuentra difícil tener victoria en su vida en Cristo.

EL CREYENTE ESPIRITUAL

El círculo del dibujo representa al creyente espiritual. Cuando usted abre la puerta del espíritu, el Espíritu de Dios entra en su personalidad. Como un discípulo de Cristo, a usted se le prometió tener victoria sobre el mundo, la carne y el diablo. Su voluntad está colocada entre la puerta del espíritu y la puerta de la carne. Cuando usted permite que Cristo sea el maestro de su vida, su muerte en la cruz (observe la cruz en el centro del círculo) le da una vida victoriosa (véase Gálata 2:20). Debido a que considera la carne crucificada como un acto de voluntad, Cristo, que está en usted, lo ayuda a mantener la puerta del espíritu abierta y la puerta de la carne cerrada. Debido a que usted está lleno del Espíritu de Dios, Él controla su mente, su actuación y sus emociones, y por consecuencia, su alma y su cuerpo.

CÓMO OBTENER LA VICTORIA

Aquí tiene la manera en que puede hacer de Cristo el Maestro de su personalidad total:

1. Pídale a Dios que lo ayude a hacer lo correcto (véase Filipenses 2:13).
2. Abra la puerta del espíritu al Espíritu de Dios, pidiéndole que lo llene (véase Efesios 5:18).
3. Cierre la puerta de la carne a Satanás confesando sus pecados y aceptando la crucifixión de Cristo en la carne (véase Gálatas 5:24).
4. Renueve su mente saturándose de la Palabra de Dios (véase Romanos 12:2).
5. Permita que el Espíritu Santo sea quien domine sus emociones por medio del desarrollo del fruto del Espíritu en usted. (véase Gálatas 5:22-23).
6. Presente su cuerpo a Cristo como un instrumento de justicia (véase Romanos 6:12-13).
7. *Ama al Señor tu Dios, con todo tu corazón, con toda tu alma, con toda tu mente y con toda tus fuerzas* (Marcos 12:30).

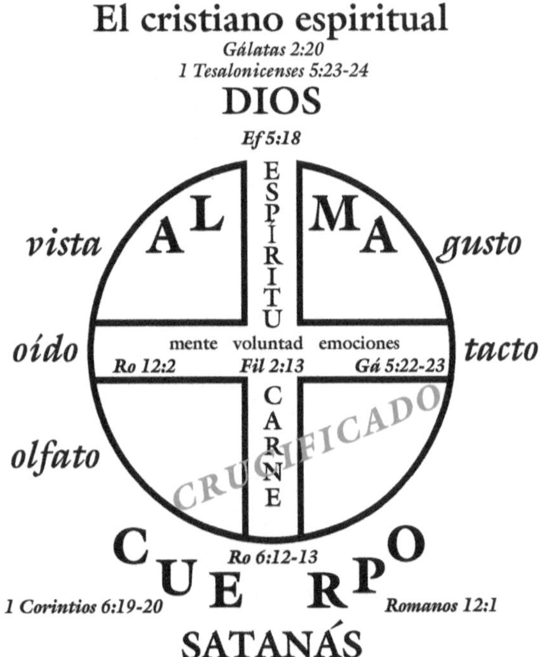

La armadura espiritual

Use la siguiente presentación para explicar a otra persona cómo Dios prepara a un creyente para entrar en la guerra espiritual. La siguiente explicación es la que debe hacerse a otra persona. Aprenda a presentarla con sus propias palabras. Las instrucciones están entre paréntesis. No es necesario que mencione todas las citas bíblicas, se mencionan por si desea estudiarlas.

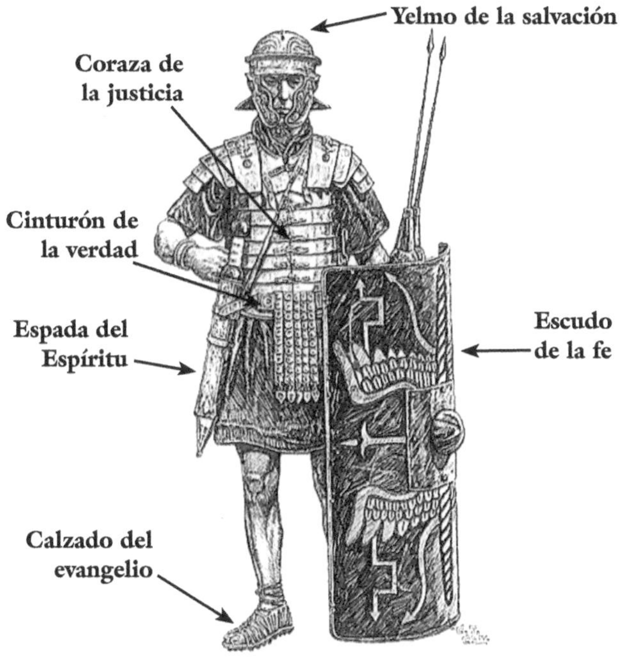

Usted sabe que el discípulo está en guerra. Ya ha experimentado conflictos espirituales en su personalidad entre las fuerzas del bien y las fuerzas del mal. Ha descubierto que no importa cuántas batallas gane, Satanás siempre vuelve a pelear. Recuerde que no es una batalla privada la que está peleando. Usted es parte del ejército de Dios llamado para derrotar a Satanás y sus fuerzas del mal. Dios da a los creyentes todo lo necesario para la batalla (lea Efesios 6:10-20). Él quiere que cada creyente se mantenga firme ante los ataques de Satanás y todas sus artimañas en la batalla espiritual (refiérase al v.11). Dios quiere que usted pueda resistir en el día malo, lograr la victoria y mantenerse firme después de la batalla (refiérase al v.13). Él le advierte que la guerra no es contra carne ni sangre sino contra potestades, principados, gobernadores de las tinieblas, contra huestes espirituales de maldad en las regiones celestiales (refiérase al v.12). La forma de lograr la victoria sobre el mal es usando la armadura espiritual mencionada en este pasaje: "verdad, justicia, el evangelio de paz, la fe, la salvación y la Palabra de Dios". Dios compara cada uno de estos recursos espirituales con una parte de la armadura de un soldado romano. Pablo conocía bien la armadura porque posiblemente estaba encadenado a un soldado romano.

Es significativo que Pablo concluya la lista de la armadura espiritual con una exhortación a la oración: "orar en todo tiempo con toda oración y súplica en el Espíritu". El guerrero espiritual comienza de rodillas. Por medio de la oración este guerrero se viste a sí mismo con la armadura espiritual antes de enfrentarse al enemigo.

El versículo 18 pone de relieve la oración como lugar de combate y hace hincapié en:

- orar en toda ocasión;
- orar con todo tipo de oración y específicamente la súplica;
- mantenerse alerta;
- perseverar;
- orar por todos los santos.

Las batallas espirituales comienzan con la oración o rápidamente deben llevarnos a orar. Este es un medio del cual se vale Dios para fortalecernos en su poder. Cuando está vestido con la armadura espiritual, puede esperar la victoria en oración. Luego, puede salir para ver las respuestas contestadas.

En el Antiguo Testamento tenemos un ejemplo sobre cómo ganar la victoria comenzando con la oración. Josafat había sido amenazado por tres reyes (véase 2 Crónicas 20:1-15). Él llamó a toda la nación a orar. Después que la nación pasó un tiempo de oración y ayuno, Dios les dice en los versículos 15-17: "Porque no es vuestra la batalla, sino de Dios[...] No habrá para que peleéis vosotros en este caso; paraos, estad quietos, y ved la salvación de Jehová con vosotros". A la mañana siguiente Josafat alentó al pueblo a creer en Dios. Puso un coro frente al ejército para marchar a la batalla. ¡Cuánta fe en Dios! Cuando llegaron al campo de batalla, Dios ya había hecho que los tres ejércitos enemigos se aniquilaran unos a otros. Israel avanzó para recoger los despojos.

El secreto de la victoria fue este: Primero, ganar la batalla en oración; luego atacar al enemigo y disfrutar la victoria que Dios ya conquistó. Algunas veces tendrá que hacer más que marchar al campo de batalla, pero tenga la certeza que Dios le garantiza la victoria.

Usted está vestido con la protección de la armadura espiritual. El yelmo de la salvación protege su mente, la coraza de la justicia su corazón y voluntad, y el cinturón de la verdad sus emociones. A medida que marcha, sus calzados del evangelio harán que se encuentre listo gracias al evangelio de paz. Con una mano sostiene la espada del Espíritu, que es la Palabra de Dios, y con la otra mano sostiene el Escudo de la fe. Esta armadura puede usarse de tres maneras:

1. Cuando busca liberarse del dominio de Satanás en un área de su vida.
2. Cuando Satanás lo ataca. Usted ataca a Satanás cuando entra en su dominio para reivindicar a las personas cautivas por él mediante su intercesión o testimonio. Primera Juan 5:19 dice: "Sabemos que somos hijos de Dios, y el mundo entero está bajo el maligno". El perdido y el reincidente están controlados por Satanás, y el diablo pelea para retenerlos.

Permítame explicarle simbólicamente cómo vestirse con la armadura espiritual por medio de la oración.

EL YELMO DE LA SALVACIÓN

Imagine el Yelmo de la salvación que recibió cuando Cristo lo salvó. Este símbolo le recordará hacer lo siguiente:

1. Darle gracias a Dios porque usted es su hijo. Primera Juan 4:4 dice: "Hijitos, vosotros sois de Dios, y los habéis vencido; porque mayor es el que está en vosotros, que el que está en el mundo". Agradézcale su salvación.
2. Alabar a Dios por la vida eterna: El Yelmo lo protege en los momentos de batalla. Alábelo.
3. Reclame la mente de Cristo. Primera Corintios 2:16 nos recuerda que tenemos la mente del Señor. La recibimos cuando fuimos salvos.

Segunda Corintios 10:3-5 dice: "Pues aunque andamos en la carne, no militamos según la carne; porque las armas de nuestra milicia no son carnales, sino poderosas en Dios para la destrucción de fortalezas, derribando argumentos y toda altivez que se levanta contra el conocimiento de Dios, y llevando cautivo todo pensamiento a la obediencia a Cristo[...]"

LA CORAZA DE LA JUSTICIA

Imagine la Coraza de la justicia que le da Cristo y que ha producido en usted una forma de vida justa. Piense que simbólicamente le protege su corazón y su voluntad. Permita que le recuerde hacer lo siguiente:

1. Pedirle a Dios que examine su corazón para revelarle cualquier debilidad (ver Salmos 139:23-24).
2. Confesarle sus pecados (véase 1 Juan 1:9).
3. Aceptar que la justicia de Cristo cubra todos sus pecados y que nos dé su justicia (véase 2 Corintios 5:21). Mantenga la Coraza firmemente ajustada a su lugar con un carácter y estilo de vida justos.

El Salmo 66:18 dice:

Si en mi corazón hubiese yo mirado a la iniquidad,
El Señor no me habría escuchado.

EL CINTURÓN DE LA VERDAD

Imagine el Cinturón de la verdad, el cual mantiene el resto de la armadura en su lugar. *Verdad* significa *integridad* y una *moral justa*. Permita que el cinturón de la verdad le recuerde hacer lo siguiente:

1. Ser sincero con usted mismo y con Dios cuando ora o cuando se encuentra en una batalla espiritual.
2. Aferrarse a la verdad porque Satanás, el padre de las mentiras, tratará de engañarlo.
3. Dominar sus emociones. Sus emociones se deben guiar por la verdad en lugar de por la carne o Satanás. La Biblia dice que el Cinturón de la verdad ciñe su lomo, ayudándolo a controlar sus emociones y a no comprometerse a actuar según ellas. El Cinturón de la verdad nos ayuda a controlar nuestras emociones y a no comprometernos debido a nuestros sentimientos. Si el Cinturón de la verdad no está en su lugar, no se puede esperar respuesta a sus oraciones.

Santiago 4:32 dice: "Pedís, y no recibís, porque pedís mal, para gastar en vuestros deleites".

EL CALZADO DEL EVANGELIO

Imagine tener en sus pies las sandalias que se ponía el soldado. El Calzado del evangelio, la prontitud que viene del evangelio de paz, significa que está preparado para la batalla. Permita que el Calzado del evangelio le recuerde hacer lo siguiente:

1. Estar preparado. Alistarse antes de que la batalla comience. Orar para que Dios lo prepare para cualquier cosa que ocurra.
2. Dar testimonio del evangelio. La prontitud que viene del evangelio de paz está lista para proclamar a Cristo. Pídale a Dios que lo prepare para ser un testigo.
3. Interceder por los perdidos. Usted está preparado para atacar al enemigo por medio de la oración y el testimonio. Pablo fue un testigo eficaz porque oró por los perdidos (véase Romanos 10:1). Ore por sus amigos perdidos que tiene en la lista de oración. Visualice los países del mundo, con millones de perdidos y ore por la salvación de ellos.

Primera Timoteo 2:1,3-4 dice: "Exhorto ante todo, a que se hagan rogativas, oraciones, peticiones y acciones de gracias, por todos los hombres. Porque esto es bueno y agradable delante de Dios nuestro Salvador, el cual quiere que todos los hombres sean salvos y vengan al conocimiento de la verdad".

EL ESCUDO DE LA FE

Además de todo, imagínese sosteniendo en su mano izquierda el Escudo de la fe. El escudo del soldado romano era una pieza de madera larga y oblonga. Cuando las flechas ardientes del enemigo la impactaban, se incrustaban en la madera en donde se extinguían. Así que, cuando las flechas del maligno lo apunten, avance con el Escudo de la fe para apagar los dardos de fuego del maligno. Permita que el Escudo de la fe le recuerde hacer lo siguiente:

1. Demandar la victoria. La fe es la victoria que vence al mundo (véase 1 Juan 5:4).
2. Avanzar con fe. La fe sin obras está muerta (véase Santiago 2:20). Active sus oraciones.
3. Apague todos los dardos ardientes del maligno. Marcos 11:24 dice: "Por tanto, os digo que todo lo que pidiereis orando, creed que lo recibiréis, y os vendrá".

LA ESPADA DEL ESPÍRITU

Imagínese tener la Espada del Espíritu, que es la Palabra de Dios, en su mano derecha. En este caso, la *Palabra* significa la *expresión de Dios*, refiriéndose a cuando Dios le habla acerca de una situación específica. Permita que la Espada del Espíritu le recuerde hacer lo siguiente:

1. Aferrarse a la Palabra. Según Hebreo 4:12 la Palabra de Dios es un arma ofensiva y: "[...]es viva y eficaz, y más cortante que toda espada de dos filos; y penetra hasta partir el alma y el espíritu, las coyunturas y los tuétanos, y discierne los pensamientos y las intenciones del corazón". Úsela ya sea que el enemigo la reconozca como Palabra de Dios o no.
2. Permitir que el Espíritu Santo use la Palabra.
3. Orar basándose en la Palabra. El Espíritu usará la Palabra para revelarle la voluntad de Dios y a saber por qué orar (véase Juan 16:13-15) y qué hacer.

Mateo 4:1-10 relata los cuarenta días de Jesús en el desierto, pero cuando fue tentado, la Palabra de Dios hizo que Satanás huyera.

BATALLAS DE ORACIÓN

La armadura espiritual lo prepara para interceder por otros. Ahora está en condición de orar por otros y esperar una respuesta. Efesios 6:18 dice: "Orad en todo tiempo con toda oración y súplica en el Espíritu, y velando en ello con toda perseverancia y súplica por todos los santos". ¡Ya se desató la batalla! Avance vestido con la armadura de Dios. Persevere intercediendo hasta lograr la victoria y levantarse victorioso con los trofeos conquistados por la gracia. Ore para que se ejecute el plan de Dios y para que su evangelio se proclame con denuedo (véase Efesios 6:19-20).

Esta clase de oración requiere más de cinco minutos. Puede tomarle una hora, un día, una semana o más. Cada avance del reino depende de las oraciones de sus santos. Dios lo ha hecho socio al establecer su reino y le ordena que en oración se vista con la armadura espiritual y entonces entre en la batalla espiritual.

Además de los momentos en que regularmente ora, aparte horas especiales para batallar en oración. Comience orando una hora a la semana y extienda esa hora a un día de ayuno y oración. Dios quiere que cada creyente "ore con toda oración y súplica". Cuando Dios quiere hacer algo en el mundo, Él guía a su pueblo a orar. Nuestro mayor privilegio es pelear en su ejército intercediendo por los demás.

La batalla en la oración lo prepara para la batalla en el mundo. Sin orar, usted irá a la batalla sin la armadura de Dios. Use las armas espirituales para avanzar hacia las líneas enemigas.

La Palabra de Dios en la mano

Use la siguiente presentación para explicarle a los demás cómo tener la Palabra de Dios en sus corazones y sus vidas. El siguiente material es para presentárselo a las demás personas. Apréndalo a decir con sus propias palabras. Las instrucciones se encuentran entre paréntesis.

Mientras ora valiéndose de la armadura espiritual, imagínese a usted mismo aferrándose a la Palabra de Dios con su mano mientras sostiene la espada del espíritu. La siguiente ilustración le demostrará cómo aferrarse a la Palabra de Dios para que nadie se la quite. La ilustración se divide en tres niveles para que usted pueda elegir el más apropiado de acuerdo a la situación que se le presente.

NIVEL 1: DEMOSTRACIÓN

Oír la Palabra. Puede usar su mano para ilustrar cómo vivir en la Palabra y hacer que llegue a su corazón. El dedo más pequeño ilustra el primer paso para recibir la Palabra. (Señálese el dedo meñique).

¿Puede decirme la manera más simple de recibir la Palabra, de manera tal que cualquiera puede recibirla? (Dele tiempo a la persona para que responda. Afirme las respuestas que conlleven a la idea de escuchar.)

Oír la Palabra es la primera manera de recibirla. Incluso un niño o una persona que no puede leer, puede oír la Palabra.

Medite en la Palabra. La segunda manera de vivir en la Palabra de Dios y de que la Palabra viva en usted

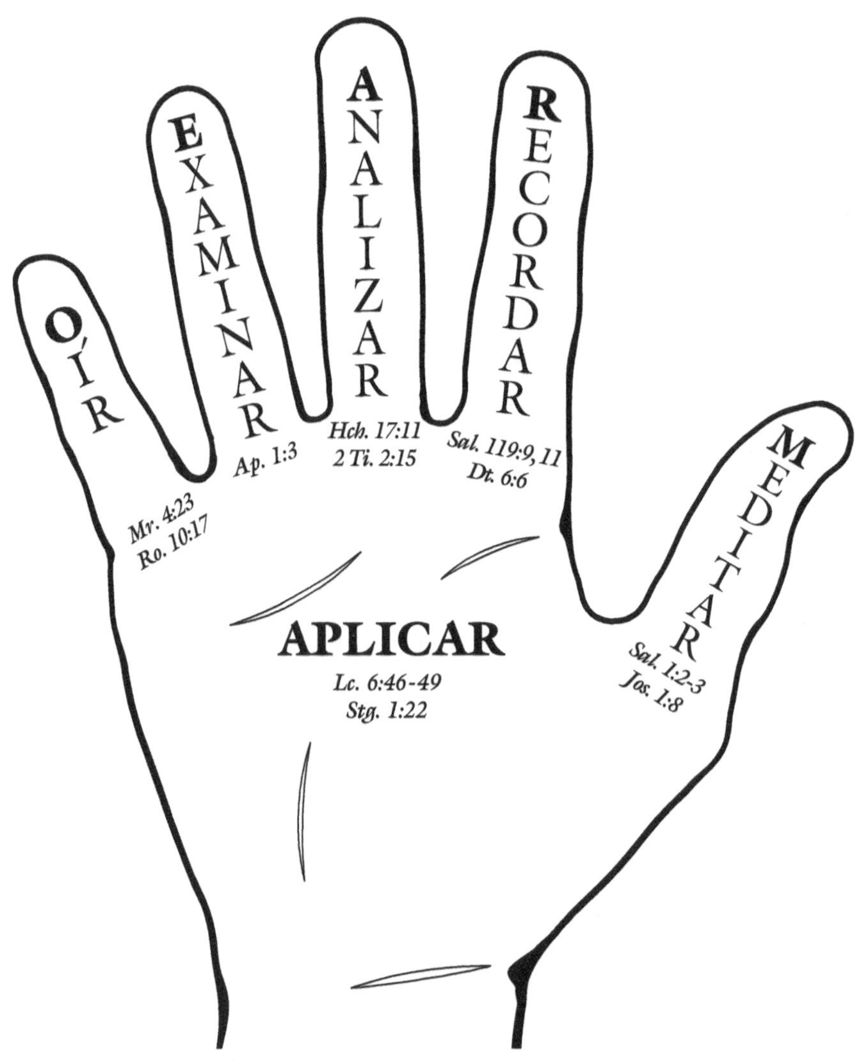

es meditar en ella. El dedo pulgar representa esta función. (Señálese el dedo pulgar).

Cuando tomo la Biblia con mi dedo meñique, que representa "oír", y con el pulgar que representa "que he meditado sobre lo que oí", (como por ejemplo el sermón del pastor), puedo decir que he agarrado la Palabra de Dios. Pero no la puedo sostener lo suficientemente segura si alguien trata de quitármela.

(Sostenga la Biblia solamente con los dedos meñique y pulgar y pídale a la persona que trate de quitársela.) ¿Ve?, no puedo sostenerla con firmeza.

Examine la Palabra. Por esta razón el dedo del anillo pasa a ser el más importante. (Señálese el dedo anular, el que generalmente lleva el anillo). Este dedo representa la siguiente manera en que usted entiende la Palabra de Dios. ¿Qué significa esto? (Permítale a la persona que responda. Afirme las respuestas que llevan a la idea de examinar la Palabra.)

Sí, examinar o leer la Palabra es otra manera de permanecer en la Palabra; lo ayuda a profundizar. Sin embargo, aún agregando este nivel, cualquiera puede quitarnos la Biblia de la mano.

(Dígale a la persona que trate de quitarle su Biblia mientras usted la sostiene con dos dedos y el pulgar.)

Analice la Palabra. ¿Cuál es la manera de vivir más profundamente en la Palabra haciéndola llegar al corazón? (Permítale a la persona que responda. Afirme respuestas que lleven a la idea de analizar.

Cuando usted analiza o estudia la Palabra, en realidad profundiza en ella. El dedo del medio representa el análisis de la Palabra. (Señálese el dedo del medio.)

Cuando oigo, medito, examino y analizo la Palabra es más difícil que alguien me la quite. ¿Aún podría usted quitármela? (Sostenga su Biblia con tres dedos y el pulgar, permita que la persona trate de quitarle su Biblia, después de algunos intentos permita que se la quite.)

Recordar la Palabra. La manera más efectiva de guardar la Palabra en el corazón se representa por medio del dedo índice. (Señale el dedo índice.) ¿Cómo sería esto? (Dele tiempo a la persona para que responda. Afirme las respuestas que llevan a la idea de recordar.)

Cuando usted recuerda, o memoriza la Palabra, usted vive de acuerdo a ella y las promesas de Dios se convierten en sus posesiones. Si yo oigo, medito, examino, analizo y recuerdo la Palabra, la he agarrado de tal manera que nadie podrá quitármela. (Tome la Biblia por el lomo y dígale a la otra persona que trate de quitársela.)

Aplique la Palabra. Otra manera de sostenerse en la Palabra de Dios firmemente es aplicándola. Fíjese que sostengo la Biblia con firmeza en la palma de mi mano. Guardar la Palabra en su corazón es esencial, pero la única manera de permanecer completamente en ella es aplicándola a su vida.

NIVEL 2: EXPLICACIÓN

Ahora agregaré más citas bíblicas a los puntos de la presentación de la mano. (Ponga la palma de su mano derecha hacia arriba, o la de su mano izquierda hacia abajo sobre una hoja de papel y dibuje el contorno tal como se muestra en el dibujo de la página 132.)

(Escriba oír en el dedo meñique. Mientras menciona o lee el versículo de *Marcos 4:23*, escriba la cita bíblica). "Si alguno tiene oídos para oír, oiga". (Mientras menciona o lee el versículo de *Romanos 10:17*, escriba la cita bíblica). "La fe viene por el oír, y el oír por la Palabra de Dios".

(Escriba la palabra *meditar* en el dedo pulgar mientras menciona o lee el versículo de *Salmos 1:1-2*, escriba la cita bíblica).

Sino que en la ley de Jehová está su delicia,
y en su ley medita de día y de noche.

(Mientras menciona o lee el versículo de Josué 1:8, escriba la cita bíblica). "Nunca se apartará de tu boca este libro de la ley, sino que de día y de noche meditarás en él, para que guardes y hagas conforme a todo lo que en él está escrito; porque entonces harás prosperar tu camino, y todo te saldrá bien".

(Escriba *examinar* en el dedo anular. Mientras menciona o lee el versículo de *Apocalipsis 1:3*, escriba la cita bíblica). "Bienaventurado el que lee, y los que oyen las palabras de esta profecía, y guardan las cosas en ellas escritas; porque el tiempo está cerca".

(Escriba *analizar* en el dedo mayor. Mientras menciona o lee el versículo de *Hechos 17:11*, escriba la cita bíblica). "Y estos eran más nobles que los que estaban en Tesalónica, pues recibieron la palabra con toda solicitud, escudriñando cada día las Escrituras para ver si estas cosas eran así". (Mientras menciona o lee el versículo de *2 Timoteo 2:15*, escriba la cita bíblica.)

"Procura con diligencia presentarte a Dios aprobado, como obrero que no tiene de qué avergonzarse, que usa bien la palabra de verdad".

(Escriba *recordar* en el dedo índice. Mientras menciona o lee el versículo de *Salmos 119:9, 11*, escriba la cita bíblica.)

¿Con qué limpiará el hombre su camino?
Con guardar su palabra.
En mi corazón he guardado tus dichos,
Para no pecar contra ti.

(Mientras menciona o lee el versículo de *Deuteronomio 6:6*, escriba la cita bíblica.) "Y estas cosas que yo te mando hoy, estarán sobre tu corazón".

(En el centro de la mano escriba *aplicar*. Mientras menciona o lee el versículo de *Lucas 6:46-49*, escriba la cita bíblica.) "¿Por qué me llamáis, Señor, Señor, y no hacéis lo que yo digo? Todo aquel que viene a mí, y oye mis palabras y las hace, os indicaré a quién es semejante. Semejante es al hombre que al edificar una casa, cayó y ahondó y puso el fundamento sobre la roca; y cuando vino una inundación, el río dio con ímpetu contra aquella casa, pero no la pudo mover, porque estaba fundada sobre la roca. Mas el que oyó y no hizo, semejante es al hombre que edificó su casa sobre la tierra, sin fundamento; contra la cual el río dio con ímpetu, y luego cayó, y fue grande la ruina de aquella casa". ¿Cuál fue la diferencia entre aquellos dos hombres que edificaron la casa? Ambos escucharon, pero sólo uno actuó. (Mientras menciona o lee el versículo de *Santiago 1:22*, escriba la cita bíblica.) "Pero sed hacedores de la palabra, y no tan solamente oidores, engañándoos a vosotros mismos".

NIVEL 3: ILUSTRACIÓN

Déjeme explicarle por qué es tan importante permanecer en la Palabra. La Biblia usa varias ilustraciones para eso. Como mencioné anteriormente cada símbolo, y su referencia bíblica, me dicen por qué es necesario aferrarse a la Palabra para aplicarla efectivamente.

Un símbolo de la Palabra se encuentra en Jeremías 15:16:

Fueron halladas tus palabras, y yo las comí; y tu palabra me fue por gozo y por alegría de mi corazón; porque tu nombre se invocó sobre mí, oh Jehová Dios de los ejércitos.

Y en Mateo 4:4 dice: "Él respondió y dijo: No sólo de pan vivirá el hombre, sino de toda palabra que sale de la boca de Dios". En estos pasajes el alimento representa a la Palabra. ¿Cómo el aferrarse firmemente a la Palabra le permite a usted usarla como alimento? (La respuesta de la persona debe abarcar el concepto de ministrarnos los unos a los otros, satisfaciendo mi hambre espiritual y la de los demás.)

Otro símbolo es la luz, según Salmos 119:105:

Lámpara es a mis pies tu palabra,
y lumbrera a mi camino.

¿De qué manera el aferrarse a la lámpara de la Palabra lo ayudará a aplicarla? (La respuesta de la persona debe destacar la idea de que sosteniendo la lámpara, usted puede ver, puede llevarla consigo, puede pasar la llama a otra lámpara y así sucesivamente.)

Otro símbolo en la Biblia incluye fuego y un martillo. Según Jeremías 23:29: "¿No es mi palabra como fuego, dice Jehová, y como martillo que quebranta la piedra?" Imagínese tratando de usar un martillo o fuego sin sujetarlo bien.

Quizás el símbolo más importante de la Palabra es la espada. Efesios 6:17 dice: "Y tomad el yelmo de la salvación, y la espada del Espíritu, que es la Palabra de Dios". Imagínese cuán peligroso y poderoso puede ser esta arma si no se sujetase bien.

Cuanto más guarde de la Palabra de Dios en su corazón, mejor podrá aplicarla. Esta ilustración tan simple le demuestra cómo puede aferrarse a la Palabra.

Tabla de mi testimonio a quienes me rodean

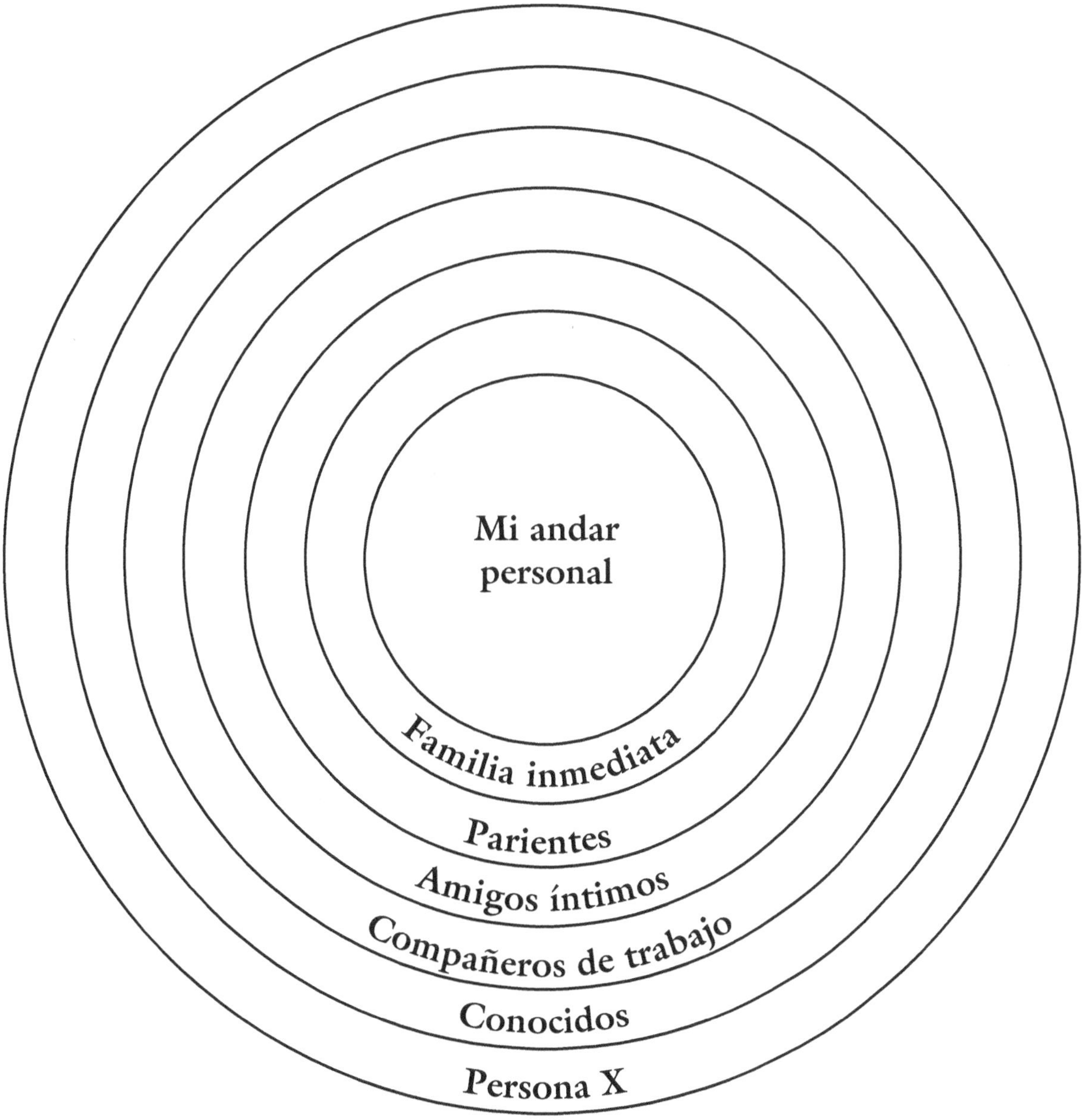

Mi andar personal

Familia inmediata

Parientes

Amigos íntimos

Compañeros de trabajo

Conocidos

Persona X

Guía a la meditación

Fecha ____________________

Cita bíblica ____________________

Ore pidiendo sabiduría y sométase al Espíritu Santo para que Él haga de la Palabra una vivencia en su corazón.

Contexto del versículo
Lea el versículo anterior y el posterior al versículo seleccionado para establecer el tema central y el contexto, lo cual lo ayudará a interpretarlo. Luego escriba un resumen del pasaje.

____

____

____

____

____

Paráfrasis del versículo
Escriba el versículo con sus propias palabras. Lea en voz alta su paráfrasis.

____

____

____

____

Separe los elementos del versículo

1. Destaque una palabra diferente del versículo cada vez que lo lea o lo repita.
2. Escriba, por lo menos, dos palabras relacionadas a las palabras que destacó en el versículo.

____________________ ____________________

3. Hágase las siguientes preguntas acerca de las dos palabras que relacionen las Escrituras con sus necesidades:

¿Qué? ____________________

¿Por qué? __________

¿Cuándo? __________

¿Dónde? __________

¿Quién? __________

¿Cómo? __________

Aplíquese el versículo

Permita que el Espíritu Santo aplique el versículo a una necesidad, un desafío, una oportunidad o un fracaso en su vida. ¿Qué *hará* usted con la aplicación a su vida de este versículo? Sea específico.

Ore al Señor con las palabras del versículo

Use el versículo para orar a Dios, haciéndolo algo personal. Diga o escriba el versículo a medida que lo usa como una oración a Dios.

Pasajes paralelos
Consulte otros pasajes que destaquen la misma verdad del versículo.

Referencia	Resumen de ideas
______________________	______________________
______________________	______________________
______________________	______________________
______________________	______________________

Dificultades del versículo
Escriba una lista de pensamientos o ideas que tal vez no comprenda o que sean difíciles de aplicar a su vida. Coméntelo con un maestro de la Escuela Dominical o con un hermano en la fe.

____

____

____

____

Posibilidades de ayudar a otros usando el versículo
Escriba cómo puede usar el versículo para ayudar a otra persona.

____

____

Extensión del estudio
Escriba notas, ideas y bosquejos de sus planes para estudiar más extensamente dicho versículo.

____

____

____

____

Orar con fe

DIOS ME HA COMUNICADO SU VERDAD

Paso 1: Permanecer en Cristo
¿Cuál es el problema?

____

____

¿Cómo Dios puede usar mi problema?
❑ Como un medio para demostrar el poder de Dios
❑ Como una bendición divina que no he pedido
❑ Como una oportunidad para desarrollar, entre otras, características cristianas como fe, amor y paciencia.
❑ Como una oportunidad para desarrollar una vida de oración más efectiva

Vuelva a escribir el problema en forma de una pregunta a Dios.

____

____

¿Permanezco en Cristo consagrado a cumplir su voluntad durante toda mi vida?
❑ Sí ❑ No

Paso 2: Permanecer en la Palabra
Pregúntese:

- ¿Deposité mi problema en manos de Dios en primer lugar? ❑ Sí ❑ No
- ¿Permanezco en su Palabra en forma regular? ❑ Sí ❑ No
- ¿Estoy dispuesto a aguardar la solución de Dios? ❑ Sí ❑ No

Paso 3: Permitir que el Espíritu Santo me conduzca en la verdad
¿Le permito regularmente al Espíritu que me llene, me guíe hacia las Escrituras y las aplique a mi problema? ❑ Sí ❑ No
¿Cuál es el pasaje bíblico? ____________________________________
¿Cómo creo que se aplica el pasaje bíblico a mi problema?

____

____

____

LE COMUNICO MI FE A DIOS

Paso 4: Pedir de acuerdo con la voluntad de Dios
¿Cuál es mi motivo de oración específico?

____

____

Paso 5: Aceptar la voluntad de Dios por fe
¿Qué creo que hará Dios con respecto a mi problema?

____

____

¿Acepto la promesa de Dios como una seguridad que emana de Él? ❑ Sí ❑ No

Paso 6: Proceder según el mensaje de Dios para usted.
Confiando en la Palabra de Dios, ¿qué medida(s) tomaré?

____

____

____

Como respuesta a mi oración en fe, ¿qué medida(s) tomó Dios?

____

____

¿Qué más necesito hacer?

____

____

Fecha de la petición a Dios ______________________________

Fecha de la respuesta de Dios ______________________________

Oír la Palabra

Fecha ________________ **Lugar** ________________________________

Predicator ____________________ **Texto**___________________________

Título ____

Mensaje
Puntos, explicación, ilustraciones, aplicación:

Resumen

Lo principal que el orador quiere que yo haga, sea y sienta como resultado de este mensaje:

Aplicación a mi vida

¿Qué me dijo Dios por medio de este mensaje?

¿Cómo mi vida se ajusta a ese mensaje?

¿Qué debo hacer para encaminar mi vida de acuerdo a dicho mensaje?

¿Qué verdad necesito estudiar más adelante?

Tabla de metas semanales

Día	Tomé nota del sermón	Leo la Palabra 10 minutos al día	Estudio la Palabra una vez a la semana	Memorizo uno o dos versículos por semana	Repaso 12 versículos al día	Oro 10 minutos al día	Testifico al menos una vez a la semana	Hago ejercicios tres veces a la semana

Lista para el pacto de oración

Petición	Fecha	Promesa bíblica	Respuesta	Fecha